Änne Flosbach

Lebendiger Glaube

Änne Flosbach (Gedichte)
Gertrud Flosbach (Illustrationen)

Lebendiger Glaube

Gedichte und Bilder zum Kirchenjahr

Bernardus-Verlag 2007

Impressum:

© **2007**

by Bernardus-Verlag
Alle Rechte vorbehalten
Titelgestaltung:
Druck- & Verlagshaus
MAINZ GmbH

BERNARDUS-VERLAG

Büro: Abtei Mariawald
52396 Heimbach / Eifel
Tel.: 0 24 46 / 95 06 15
Fax: 0 24 46 / 95 06 15

Zentrale: Verlag MAINZ
Süsterfeldstraße 83
52072 Aachen

Internet: http://www.verlag-mainz.de
e-mail: bernardus@verlag-mainz.de

Druck
Druck- & Verlagshaus MAINZ GmbH
Süsterfeldstraße 83
D -52072 Aachen

ISBN 10 3-8107-9268-3
ISBN 13 9 783810 792686

Wort Gottes

Gottes Wort, du Wort an die Welt,
du bist nicht bequem, du erwartest viel,
ob es uns recht ist, es uns gefällt,
du weisest den Weg, du kennst das Ziel.

Der Vater sprach das Wort im Sohn,
Er sandte Ihn zur Erde nieder,
ewiges Leben versprach Er als Lohn
denen, die Antwort Ihm gaben wieder.

Wort, das aus Gottes Munde kommt,
Wort, das unsere Seelen nährt,
Wort, das allen Menschen frommt,
das uns verwandelt, das uns bekehrt.

Wort, das uns Mut gibt in harter Zeit,
das wichtiger ist als das tägliche Brot,
das uns Kraft in den Kämpfen des Lebens verleiht,
das aufleuchtet wie flammendes Morgenrot.

Lehre uns, Herr, Dein Wort zu verstehn,
lass uns in Ihm geborgen sein,
lass uns im Finstern nicht untergehn,
erleuchte uns mit göttlichem Schein!

Lass uns nicht von Steinen leben,
die die Welt verlockend gibt,
lass uns nach der Wahrheit streben,
die in Deinem Wort uns liebt!

Wahrheit, Liebe und das Leben
sind in Christus völlig eins,
sind von Dir uns selbst gegeben,
weil Du 's bestens mit uns meinst.

(nach Lk 4, 1-13)

Änne Flosbach

Die enge Tür

*Mensch, suchst du Leben nicht nur hier auf Erden,
suchst du das Leben für die Ewigkeit,
so muss dein Blick fürs Ziel geweitet werden,
das unser Denken haushoch übersteigt.*

*Nur eine Türe führt zum ewigen Leben,
die Türe, die der Herr selbst aufgemacht.
Sie will uns Richtung, Trost und Hoffnung geben
und ist uns Leuchte in der dunklen Nacht.*

*Gar manche Türen locken mit Versprechen.
Sie zu erreichen, scheint uns gar nicht schwer.
Doch ihre Breite wird sich bitter rächen,
denn nach dem Durchgang gähnt der Abgrund – leer.*

*Die Tür zum Vaterhaus steht jedem offen,
sie lädt uns ein, den mut'gen Schritt zu wagen.
Auch wenn sie eng ist, dürfen wir doch hoffen,
dass wir willkommen sind, trotz Angst und Zagen.*

*Auf unsere Schritte kommt es letztlich an,
die wir im Glauben und Vertrauen gehen.
Jesus, der Herr, Er geht uns selbst voran,
damit wir Seine Herrlichkeit einst sehen.*

(nach Lk 13,24)

Änne Flosbach

Die enge Pforte

Mensch, lass dich nicht durch diese Welt berauschen!
Sie lockt, sie ruft, sie bietet alles feil.
Lern demütig auf Gottes Wort zu lauschen,
denn nur in Ihm findest du letztes Heil.

Die Tür ist eng, die zu dem Mahle führet.
Schon´ deine Kraft nicht, setze alles ein!
Im Innersten hast du zutiefst verspüret,
dass ewige Freude nur in Gott kann sein.

Von Ost und West, von Nord und Süd sie kommen,
um Platz zu nehmen bei dem Hochzeitsmahl.
Hilf, Herr, dass wir nicht ausgenommen
aus Deiner Gäste frei erwählten Zahl!

Die Armen, die die Welt so oft getreten,
sie werden nun die Ersten bei Dir sein.
Du hast in Liebe sie zu Tisch gebeten,
weil ihre Seelen kindlich, fromm und rein.

Die Tür ist eng, der Weg, er ist beschwerlich,
doch Dein Erbarmen, es ist grenzenlos.
Ist auch der Lebenskampf oft hart und gar gefährlich,
vor Dir liegt unser Mühen frei und bloß.

(nach Lk 13, 22-30)

Endzeit

Seht euch nur vor, lasst euch nicht irreführen,
der falschen Lehren gibt es gar zu viel!
In eurem Innern müsst ihr selbst es spüren,
auf welchem Weg ihr kommt zum ew'gen Ziel.

Der Heilige Geist will euch die Richtung weisen,
Er ist das Licht, das Feuer und die Glut.
Durch Ihn kann jeder Gottes Allmacht preisen,
Er schenkt dem Suchenden Erkennen, Kraft und Mut.

Und durch die Drangsal wird Er euch begleiten,
wenn ihr um Christi willen einsam seid.
Die Himmelswohnung wird Er dem bereiten,
der tapfer widerstand dem Sog der Zeit.

Legt Zeugnis ab von Gottes großem Walten!
Sein sind die Jahre, Sein die Ewigkeit.
Nichts auf der Welt kann Menschenkraft erhalten,
was nicht dem Herrn der Schöpfung ist geweiht.

Was in der Welt passiert, es sind nur Zeichen,
sind Stufen auf dem Weg zum letzten Tag.
Am Tag des Richtens gibt es kein Entweichen.
Wohl dem, der ganz der Liebe trauen mag!

(nach Lk 21, 5 – 19)

Änne Flosbach

Demut

Wähl nicht den Platz nach deinem Dünkel aus!
Es könnte schnell zum Schaden dir gereichen.
Ein Höh´rer kommt, und eiligst musst du weichen,
und wie beschämet bist du dann im Haus.

Nimm den geringsten Platz und sei zufrieden,
ein besserer wird dir gerne dann geschenkt.
Und Er, der alle unsere Schritte lenkt,
sorgt dafür, dass der richt´ge dir beschieden.

In Demut sollst du deine Schritte gehen;
denn vor dem Herrn sind alle wir recht klein.
Groß wird nur der in Gottes Augen sein,
der dienend unter Dienern kann bestehen.

Nicht Menschenlob zählt an des Lebens Ende,
nicht Rang und Namen, nicht der Orden Klang.
Es wird dir um das arme Herz recht bang,
wenn du dein Leben gibst in Gottes Hände.

Er weiß, wie du dein Werk hier hast vollbracht,
in Treue, still, ohn´ Aufsehen und Klagen.
Und freundlich wird der Herr dann zu dir sagen:
„Dir hab´ den guten Platz Ich zugedacht."

Nur das in deinem ird´schen Leben zählt,
was liebevoll, bescheiden wurd´ getan.
Allein auf tiefe Demut kommt es an,
und dann wirst du vom Vater sicher auserwählt.

Geh deinen Weg, wie Christus ihn gegangen,
ohn´ Rast und Ruh, doch zielbewusst und treu!

*Und bei dem Hochzeitsmahl wird alles neu,
weil du vom Vater selbst wirst dann empfangen.*

(nach Lk 14, 1. 7 – 14)

Jesus spricht: Steh auf!

*Steh auf, vertrau der Kraft, die Ich dir schenke,
lass Krankheit, Trauer, Schwermut ganz zurück!
Vertraue, dass Ich deine Wege lenke
und wirf auf das Vergangene keinen Blick.*

*Richt' dich nicht ein im Jammern, Klagen, Zagen,
wodurch die Tage matt und trostlos werden!
Du musst auf mein Wort hin das Leben wagen,
das Ich dir gebe auch schon hier auf Erden.*

*Ich bin der Herr, der immer dich begleitet
in frohen, auch in schweren Stunden.
Was du zu tragen hast, hab' Ich bereitet.
Ich will das Eine nur: Du sollst gesunden!*

Änne Flosbach

Zündet das Licht eurer Lampen an

Zündet das Licht eurer Lampen an,
denn der Bräutigam wird bald kommen!
Schlaft nicht und schreitet mutig voran,
bekehrt euch und werdet zu Frommen!

Der Tag Seiner Ankunft ist nicht mehr fern,
Gottes Geist rüttelt auf und schenkt Kraft .
Im Dunkel erstrahlt Sein leuchtender Stern,
der uns zu neuen Menschen erschafft.

Die Welt will uns binden mit aller Gewalt,
sie lockt mit Luxus und Geld.
Doch dadurch erreichen wir nie die Gestalt,
die allein unserm Schöpfer gefällt.

Besorgt euch das Öl der Beharrlichkeit
und vermehrt es durch stetes Gebet!
Dann werdet ihr für Sein Kommen bereit
und nicht wie Spreu im Winde verweht.

Zündet das Licht eurer Lampen an,
lasst es leuchten an jedem Ort!
Schenkt es weiter an jedermann,
dass es leuchte fort und fort.

Änne Flosbach

Die Zeit ist nahe

*Die Zeit ist nahe, spricht der Herr,
die Zeit vollendet ihren Lauf.
Merkt auf, ihr Menschen, kommet her,
wacht endlich doch vom Schlafe auf!*

*Der Feigenbaum wirft die Blätter ab,
der Winter steht bald vor der Tür.
Dein irdisches Ende ist das Grab,
vergiss es nicht, schärf' dein Gespür!*

*Viele Drangsale werden auf Erden sein,
die Sonne verliert ihren warmen Glanz,
den Mond verlässt sein heller Schein,
der Tod spielt auf zum Totentanz.*

*Hunger, Ängste, Erdbeben und Krieg
scheinen die Oberhand zu gewinnen.
Doch alles täuscht, in Gott ruht der Sieg.
Menschenkind, lerne dich zu besinnen!*

*Bereite dein Herz für den großen Tag,
er kommt ganz plötzlich wie nächtliche Diebe,
kein Mensch ihn aufzuhalten vermag,
retten kann dich nur Gottes Liebe.*

*Und wer verzeichnet in Seinem Buch,
der darf voll Vertrauen sein Haupt erheben.
„Gelitten hast du nun genug,
dir schenke Ich Freude und ewiges Leben!"*

*Die Zeit ist nahe, ganz nahe schon,
kehret um, bevor es zu spät.
Noch ruft uns Gott mit zärtlichem Ton,
im Gericht wird dann niedergemäht.*

(nach Mk 13, 24 – 32)

Änne Flosbach

Advent

Dunkler werden die Tage, länger wird jede Nacht.
Doch darob nicht verzage, der Vater im Himmel wacht.

Ein Kirchenjahr hat sich vollendet, das neue nimmt seinen Lauf.
Viel Gutes wird dir gespendet, stehe vom Schlaf eilends auf!

Horche auf Gottes Schritte in dieser lauten Welt!
Suche in Ihm deine Mitte, dort, wo du hingestellt!

Bereite Ihm freudig die Wege, der Herr hat dich auserwählt.
Er durcheilt auch finst're Gehege, allein dein Vertrauen zählt.

Gott kommt nicht mit lauten Fanfaren, Er kommt als kleines Kind.
Seine Demut darfst du erfahren, durch die Er die Menschen gewinnt.

Lass ab vom Hasten und Jagen, kehre bei dir selber ein!
Gott wird dich einmal fragen: Wann durfte Ich bei dir sein?

Wann war deine Tür für Mich offen, wann hattest du für Mich Zeit?
Wann war dein tiefstes Hoffen adventlich liebend bereit?

Gott will nicht das Dunkel der Erde,
Er schenkt uns Sein göttliches Licht.
Er will, dass es hell in uns werde,
dass endlich der Morgen anbricht.

Im Advent tagt der neue Morgen,
in ihm blitzt des Schöpfers Macht auf,
die Nacht verliert ihre Sorgen,
Gottes Ankunft nimmt ihren Lauf.

Advent

Finsternis bedeckt die Welt,
jeder Tag versinkt in Nacht.
Ob kein Stern vom Himmel fällt,
der die Augen leuchtend macht?

Der durch Sünde, Leid und Not
uns den Weg zum Lichte weist,
der selbst durch den bitt'ren Tod
unsere Angst mit Hoffnung speist?

Licht von Gottes ew'gem Thron
strahle in die Dunkelheit,
werde Mensch, du Gottes Sohn,
mach' die Enge hell und weit!

Allmacht will zur Ohnmacht werden,
arm im Stall auf Heu und Stroh.
Heil umschließt jetzt unsere Erden,
Christuskind, mach' alle froh!

Seid wachsam!

*Seid wachsam, ein neues Jahr beginnt,
die Zeit in die Ewigkeit verrinnt.
Seid bereit an jedem neuen Tag,
wer weiß, wann Christus kommen mag.*

*Lebt nicht wahllos ohne Weg und Ziel!
Manch fauler Apfel vom Baum schon fiel.
Haltet die Lampen mit Öl bereit,
vielleicht ist der Herr schon gar nicht mehr weit.*

*Versucht geduldig und treu zu erfüllen
des himmlischen Vaters heiligen Willen.
Benutzt die Gaben, die Gott euch gegeben,
zu einem sinnvollen, tapferen Leben.*

*Die Waffen des Lichtes helfen euch streiten,
sie werden den Blick für die Ewigkeit weiten.
Gebet und Arbeit, Verzeihen und Güte
bringen das innere Leben zur Blüte.*

*Der Herr wird kommen, Er kommt jede Stunde
im Wort, das wir hören als Seine Kunde.
Er kommt im Brot, das uns Leben verheißt
und das unsere Wege mit Seinen verschweißt.*

*Er kommt im Nächsten, der uns begegnet,
den wir annehmen, und der uns segnet.
Er steht am Ende vor dir und mir
und wartet auf die geöffnete Tür.*

(nach Röm 13, 11 – 14)

Änne Flosbach

Gaudete

Gaudete, freuet euch, hier und heute,
so kündet's der Glocken festlich Geläute.
Der Herr ist nahe, ganz nahe schon,
öffne dein Ohr für den neuen Ton.

Der Engel bringt die Botschaft zur Erden,
dass Gottes Sohn will Mensch für die Menschen werden.
In Demut öffnet Maria sich ganz,
es umfängt und erfüllt sie des Geistes Glanz.

Auch uns will Gottes Geist erfüllen,
unsere tiefe Sehnsucht will Er stillen;
wenn wir bereit, das Fiat zu sprechen,
dann kann Er alle sündhaften Bande brechen.

Dann kann durch uns Friede auf Erden sein,
dann kehrt die ersehnte Freude ein.
Elend und Leid verlieren ihr Grauen,
wenn wir auf Gottes Treue bauen.

Freuet euch, freuet euch, der Herr will kommen!
Die Botschaft gilt nicht nur den Frommen.
Er suchet alle auf Wegen und Straßen,
besonders auch die, die Ihn lieblos vergaßen.

Seine Barmherzigkeit will Er über alle ergießen,
die Quelle der Gnade wird sprudeln und fließen.
Tauche ein und wasche dein krankes Herz,
so wendet dein Blick sich himmelwärts.

Freue dich, freue dich, lass es in dir klingen,
Gottes Größe darfst du in der Christnacht besingen.
Mit den Engeln und den Hirten all
findest du Gottes Sohn im ärmlichen Stall.

(nach Phil 4, 4 – 7)

Änne Flosbach

Jahwe rettet

Ihr Menschenkinder, seid gewiss,
Gott lässt uns nicht in der Finsternis.
Er zeigt uns den Weg durch Angst und Pein
und lässt keinen von uns in der Not allein.

In Jesus wird uns der Retter geboren,
um die zu holen, die scheinbar verloren.
Für Ihn ist keiner zu böse, zu schlecht,
Er rückt jedes Menschenleben zurecht.

Er schenkt uns Augen, Sein Heil zu sehen,
Seine liebende Führung zu verstehen.
Er öffnet die Ohren für Sein göttliches Wort
und lenkt uns so vom Irdischen fort.

Er bereitet die Herzen für die heilige Zeit,
Er schließt sie auf und macht sie weit,
damit Er selbst darin wohnen kann
bei Groß und Klein, bei Frau und Mann.

Ein jeder darf nun Krippe sein,
wenn er sich öffnet und lässt den herein,
der unser aller Retter ist:
Jesus, der Gottessohn, unser Christ.

Änne Flosbach

Vertraue auf das Licht

Du Volk im Dunkel, achte auf das Licht,
das Schattenreich des Todes hat ein Ende!
Mit Christi Kommen Gottes Reich anbricht,
mit Ihm beginnt die endgültige Wende.

Er zeigt den Weg uns in des Vaters Reich,
das noch kein Auge jemals hat gesehen.
Er wird als Menschensohn uns völlig gleich
und lehrt uns, Gottes Führung zu verstehen.

Auch wenn uns Not, Angst, Schmerzen, Leid umgeben,
wenn alles sinnlos gar zu sein erscheint,
der Herr kommt selbst und schenkt uns ew'ges Leben,
weil Er um jedes Menschenkind geweint.

Er ist die Türe, die zum Vater führt,
Er ist das Licht, das unsern Weg erhellt.
Er hat im ird'schen Leben selbst gespürt,
wie oft die Dunkelheit den Weg verstellt.

Er ruft uns zu: Kehrt um und folget Mir!
Nur Abkehr von der Sünde lehrt euch sehen.
Ich komm' aus ew'gem Licht und zeig' euch hier,
wie ihr vor Gottes Thron einst könnt bestehen.

Vertrauet immer, jeden Tag von neuem!
Gott kommt als Vater liebend euch entgegen.
Mit Ihm und in Ihm dürft ihr euch dann freuen,
denn Er ist Ziel auch den verschlungensten Wegen.

(nach Mt 4, 16 – 17)

Weihnachten

*Wieder dürfen wir das Fest begehen,
wieder bist Du uns im Sohn ganz nah,
dürfen betend vor der Krippe stehen,
die die Wiege des Gott-Menschen war.*

*Vor zweitausend Jahren stieg hernieder
Gottes Sohn in unsere dunkle Welt,
wurd' gepriesen durch der Engel Lieder,
hat die Finsternis für uns erhellt.*

*Gläub'ge Hirten eilten zu dem Stalle,
sah'n im armen Kind des Vaters Sohn,
standen stellvertretend für uns alle
vor dem Trog, den Gott erkor als Thron.*

*Unser Gott will alles mit uns teilen:
Freude, Schmerz, die Kälte und den Tod.
Er kommt her, um unser Weh zu heilen,
um zu retten uns aus tiefer Not.*

*Er erwartet nicht die ständig Frommen,
Sünder lädt Er liebend zu Sich ein.
Alle dürfen gerne zu Ihm kommen,
dürfen bei Ihm sein im Brot und Wein.*

*Auch du, Mensch, bist von Ihm eingeladen,
darfst im Kind den Retter für dich sehn,
wirst beschenkt mit überreichen Gnaden
einfach durch dein Dasein, durch dein Vor-Ihm-Stehn.*

*Denk' daran in allen schweren Stunden,
Gott ward Mensch, uns Menschen gleich,
nur in Ihm kann unsere Welt gesunden,
nur in Ihm wird Elend, Armut reich.*

(nach Lk 2, 15 – 20)

Weihnachten

Jesus Christus ist für uns geboren,
hat sich uns im Kinde ganz geschenkt,
hat das Dunkel dieser Erde selbst erkoren,
wurd' durch Gottes Geist in Menschenschoß gesenkt.

Ließ sich von den Allerärmsten finden.
Sie erkannten in dem Kind den Herrn.
Freudig ließen sie sich an Ihn binden,
sie, für die das Heil einst schien so fern.

Von den Hecken und den Zäunen kommen Gäste,
die durch Gottes Ruf geladen sind,
nehmen teil an diesem Liebesfeste,
werfen nieder sich vor diesem Kind.

Lasst auch uns zur Krippe freudig eilen,
Jesus wartet schon auf unsern Schritt.
Lasst uns nicht durch ird'schen Tand verweilen,
bringt ein Herz voll Lieb' und Demut mit!

Legt dann alles diesem Kind zu Füßen,
Sünd' und Leid, die Freuden und den Schmerz.
Voll Vertrauen dürfen wir Es grüßen,
das uns einschließt in Sein göttlich Herz.

Vor der Krippe

Vor dir steh' ich, göttlich Kind,
    voll mit Schuld belastet.
Nirgends ich die Ruhe find',
    wo mein Herz still rastet.

Doch vor Dir, da schweigt mein Sinn,
    ich kann nichts als schauen.
Alles drängt mich zu Dir hin,
    Schmerz und Schuld wegtauen.

Du bist arm und ich bin arm,
    nichts willst Du verlangen,
nimmst der Menschen Not und Harm,
    nimmst das tiefste Bangen.

Steigst hinein in unsere Not,
    trägst sie bis zum Ende,
trägst sie in den Kreuzestod,
    dass die Schuld sich wende.

Kind, des Vaters ew'ger Sohn,
    aus der Lieb' geboren,
kommst vom hohen Himmelsthron,
    sonst wär'n wir verloren.

„Danke" nur kann ich Dir sagen,
    „Dank Dir, Kind auf Erden".
Weil Du klein bist, darf ich's wagen,
    Bruder Dir zu werden.

Kindermord zu Betlehem

*Mütter und Kinder in Rama weinen,
ihr Wehgeschrei steigt zum Himmel empor.
Herodes' Schergen suchen den Einen,
durch den weltliche Macht ihre Rechte verlor.*

*Nichts als Gewalt tobt in den Straßen,
jedes Haus verliert seine Geborgenheit.
Verzweiflung übersteigt alle Maßen,
es herrscht alleine die Grausamkeit.*

*Nach vollbrachter Tat kehr'n die Mörder zurück,
in der Meinung, sie hätten's geschafft.
Doch ihr Terror zerstörte überall nur Glück,
junges Leben wurde hinweggerafft.*

*Was damals geschah, es geschieht auch heute.
Kriege verheeren Städte, Dörfer und Land.
Alles wird zur erwünschten Beute
für den, der Erfüllung in Machtgier fand.*

*Doch was in der Welt da draußen tobt,
es findet auch im Geheimen statt.
Der Materialismus wird hoch gelobt,
unerwünschte Kinder werden nicht satt.*

*Egoismus versperrt ihren Weg ins Sein,
erwartet werden viele nicht mehr,
versteckt tobt der Krieg in manchem Heim,
vergrößert der Ungeborenen Heer.*

*Mütter und Kinder in Rama weinen,
ihr Geschrei steigt auch heute noch empor.*

Änne Flosbach

Unter ihnen lebt der Eine,
der für alle Sein menschliches Leben verlor.

Der in jedem Kinde getötet wird,
der mit jedem Soldaten im Kriege fällt,
der in jeder Schändung die Würde verliert,
der auch heute noch Spott und Schläge erhält.

Gott trägt mit uns dies unsägliche Leid,
Er weiß um der Menschen Schmerz.
Er ergießt Sein Erbarmen über alle Zeit,
Er öffnet Sein liebendes Herz.

(nach Mt 2, 16 – 18)

Änne Flosbach

Jesu Darstellung im Tempel

*Der Geist des Herrn, Er wirkt zu jeder Zeit
seit Urbeginn bis hin zur Ewigkeit.
Er wählt sich Menschen aus, die Er belebt
und die Er aus den Reih'n der vielen hebt.*

*So war es auch mit Simeon, dem Frommen.
Er wusste, dass der Tod würd' niemals kommen,
bis dass der Retter sich ihm selbst gezeigt.
Erst dann sein Leben sich dem End' zuneigt.*

*Voll Hoffnung eilt er hin zu Jahwes Haus;
vertrauensvoll harrt er im Tempel aus.
„Auf Gottes Wort kann ich mich fest verlassen,
auch wenn die Jahre mehr und mehr verblassen."*

*Und endlich, endlich kommt der große Tag.
Im armen Kind er Gott zu schaun vermag.
Er sieht das Licht für Juda und die Heiden,
für alle wird der Gottgesandte leiden.*

*„Dies Kind ist Zeichen, das die Geister trennt,
dem widersprochen wird, dem Lieb' entbrennt,
das die Gedanken vieler offenbart
und das die Demütigen um sich schart.*

*Und du, Maria, musst den Weg mitgehen.
Die Führung Gottes kannst du kaum verstehen.
Denn oftmals wird durchbohrt dein liebend Herz,
und mit dem Sohn erträgst du Leid und Schmerz."*

*Und auch die alte Hanna preist den Herrn.
In Ihm sieht sie den neuen Morgenstern,
der aufstrahlt über menschlichem Versagen
und der Erlösung bringt von Gottferne und Klagen.*

Getreu erfüll'n die Eltern das Gebot.
Sie weihn Ihr Kind dem Herrn Gott Sebaoth;
und kehren dann nach Nazareth zurück.
Die Gnade Gottes ist ihr ganzes Glück.

(nach Lk 2, 22 – 40)

Kommt und seht

Kommt und seht, spricht der Herr zu denen,
die suchen,
kommt und seht, Ich zeige euch meine Welt.
Kommt und folgt Mir, dann könnt ihr Ewiges buchen,
Wertvolles, das nicht der Vergänglichkeit verfällt.

Nicht Güter und Wohlstand will der Herr uns geben,
nicht das, was für Geld zu kaufen ist.
Er weitet den Blick für das ewige Leben,
an dem nie der Zahn der Zeit beißt und frisst.

Kommt und seht und bleibet bei Mir,
taucht in Mein göttliches Leben ein.
Geht mit Mir durch die enge Tür,
dann wird euer Leben gerettet sein.

(nach Joh 1, 39)

Änne Flosbach

Taufe im Jordan

Um Gottes Willen zu erfüllen geht Jesus an den Jordan hin.
Er will die Not der Menschen stillen, nach Rettung steht allein Sein Sinn.

Er reiht sich bei den Sündern ein, taucht in des Flusses Fluten unter.
Die Schuld der anderen, sie wird Sein, sie zieht Ihn zu der Erde runter.

Er trägt sie nun für jedermann, für dich und mich und all die vielen.
Sein Sühneleiden fängt jetzt an und es wird hin zum Kreuze zielen.

Als Jesus aus dem Wasser steigt, da öffnet sich der Himmel droben,
und Gottes Geist sich zu Ihm neigt, und eine Stimme wird erhoben.

Sie spricht: „Du Mein geliebter Sohn, Dich habe Ich erwählt vor allen,
Dir gebe Ich des Himmels Thron, auf Dir ruht göttliches Gefallen.

Du bist Mein Ebenbild, vollendet, so wie Ich einst den Menschen hab´ erdacht,
doch dieser hat sich selbst geschändet und stürzte dadurch in die
unheilvolle Nacht.

Voll Freuden schaue Ich auf Dich hernieder, denn Leib und Seele, Geist
und Sinn,
die finde Ich als Einheit in Dir wieder, so wie Ich eins in Mir vollkommen bin."

Bestätigt durch des Vaters Wort, fängt Jesus jetzt Sein Werk der Rettung an.
Er weiß den Weg, Er führt ihn fort durch Tod und Auferstehung, himmelan.

(nach Mt 3, 13 – 17)

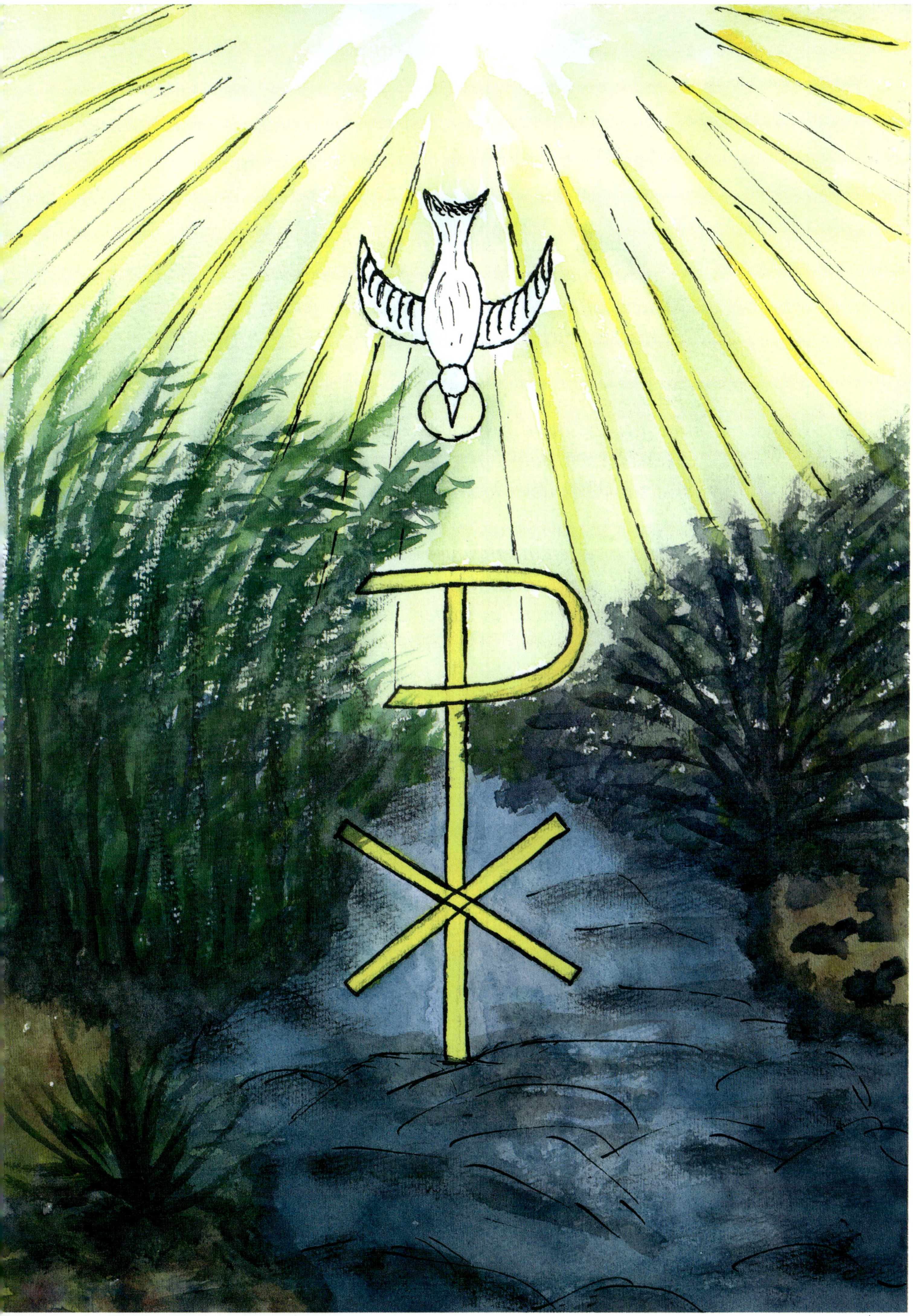

Der reiche Fischfang

"Wirf deine Netze aus", so spricht der Herr
zu Simon, der die ganze Nacht gefischt,
"vertraue Mir und fahre auf das Meer,
auch wenn am Firmament der Sterne Schein erlischt.

Vertraue Mir, auch wenn die Sonne scheint
und aus Erfahrung sich kein Fisch lässt sehn.
Von Herzen hab' Ich's gut mit dir gemeint,
du lernst die Wege des Gott-Menschen noch verstehn."

Und im Gehorsam wirft das Netz er aus,
das Boot kann nicht der Fische Menge fassen,
ein zweites bringt ihn sicher dann nach Haus,
der Fang ist groß, er übersteigt die Maßen.

Dies Wunder können alle nicht verstehn,
und Simon fällt dem Herrn zu Füßen nieder.
"Geh fort, Du darfst auf mich nicht runter sehn,
ein Sünder bin ich immer, immer wieder."

Doch Christi Blick schaut ihn ganz liebend an,
nimmt alle Furcht ihm vor dem großen Zeichen.
"Dich, ja dich Ich gebrauchen kann,
du sollst von Meiner Seite nicht mehr weichen.

Hilf Mir die Menschen sammeln für Mein Reich,
die sich verirrt in dieser lauten Welt,
sie treiben ziellos in des Meeres Teich,
doch nur die Hinwendung zum Vater zählt.

Folg' Mir, lass alles hinter dir zurück,
noch größere Zeichen wirst du einst erleben,

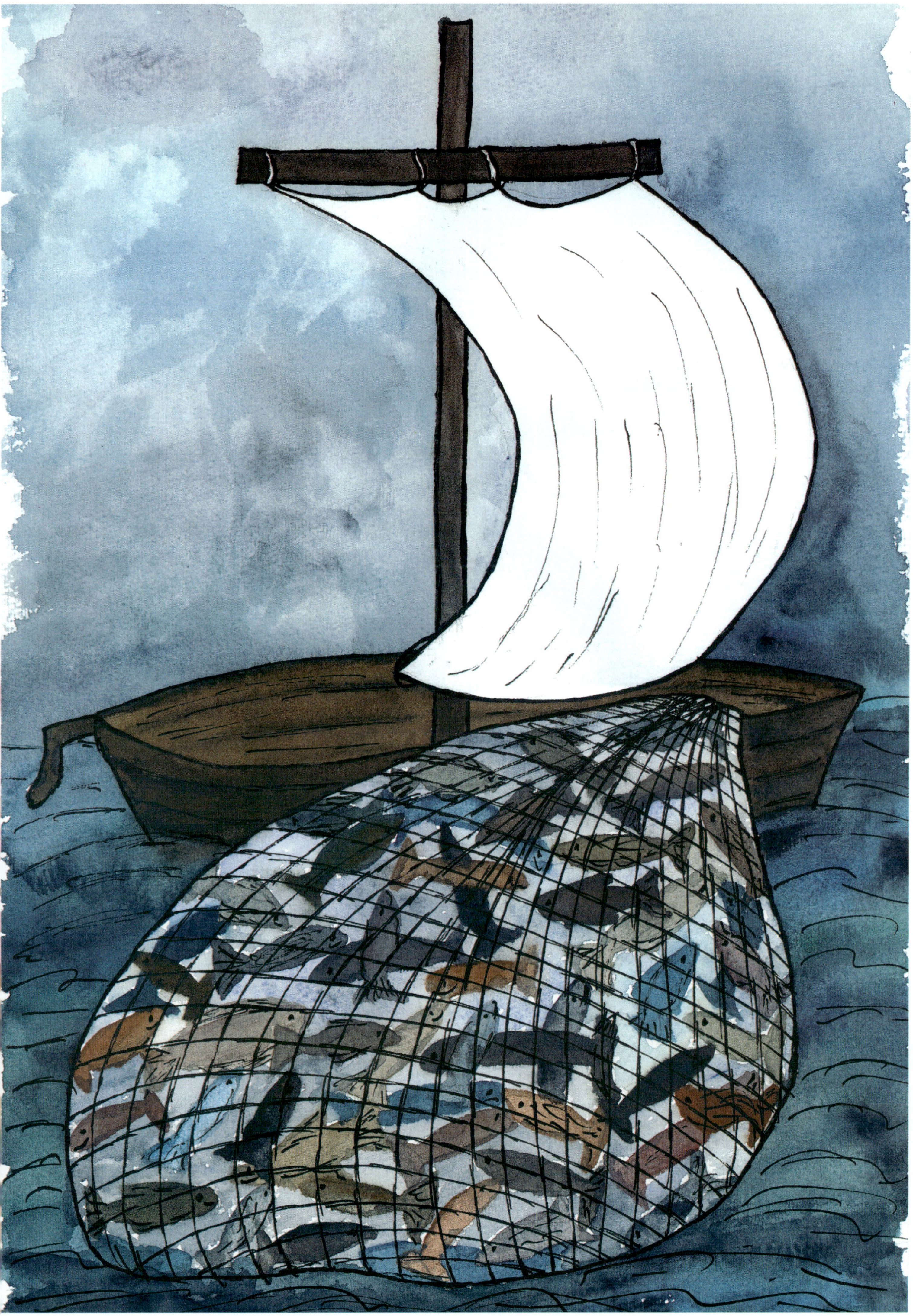

*dir trag Ich auf der Menschen tiefstes Glück,
lehr sie, den Himmel mutig zu erstreben."*

*Und wenn du denkst, vergeblich sei die Plag,
so glaube fester an des Herren Wort.
Er steht zur Seite dir an jedem Tag
und füllt die Netze dir heute und immerfort.*

(nach Lk 5,1-11)

Ein Blinder

Du stehst als Bettler am Wegesrand
und erwartest voll Sehnsucht den Herrn.
Deine Hoffnung ist gänzlich auf Ihn gebannt,
du spürst es, Er ist nicht mehr fern.

Du flehst um Erbarmen in deiner Not,
nur Er kann dein Retter sein.
In deinem Innern tobt Angst und Tod.
Du fühlst dich verlassen, allein.

Du schreist es hinaus in die kalte Nacht:
„Sohn Davids, sieh mich hier stehn!
Geh´ nicht vorüber, hab´ auf mich Acht,
so kann auch ich wieder sehn!

Dann wird mein Auge wieder klar
für mich selbst und der Anderen Schmerz.
Dein großes Erbarmen schenkt mir fürwahr
offene Augen und ein liebendes Herz!"

Komm, lass dich finden!

Ich bin dein Hirt, Ich suche dich,
bedeutsam bist du stets für Mich.
Voll Liebe folget dir Mein Blick.
Komm doch zu deinem Herrn zurück
und lass erneut dich an Mich binden,
lass dich in Freiheit von Mir finden!

Dann drück´ Ich gern dich an Mein Herz,
verzeih dir Schuld und jeden Schmerz
und heb´ dich aus der Sünd´ empor,
in der dein Weg sich schnell verlor.
Vertrauen will Ich neu dir schenken,
behutsam deine Schritte lenken.

Ich ruf´ am Tag und in der Nacht.
Hast du Mein Sehnen nicht bedacht?
Für dich war Ich bereit zu sterben,
um ewiges Leben zu erwerben,
für dich und jedes Menschenkind,
dass jeder heim zum Vater find´t.

Ich gab in Freiheit hin Mein Leben.
Willst du in Freiheit Mir dich geben?
Bist du bereit, dein Ja zu sprechen
und mit der Sünde ganz zu brechen?
Dann bist du Mein, und Ich bin dein,
vereint wird unser Leben sein.

(nach Lk 15, 3 – 7)

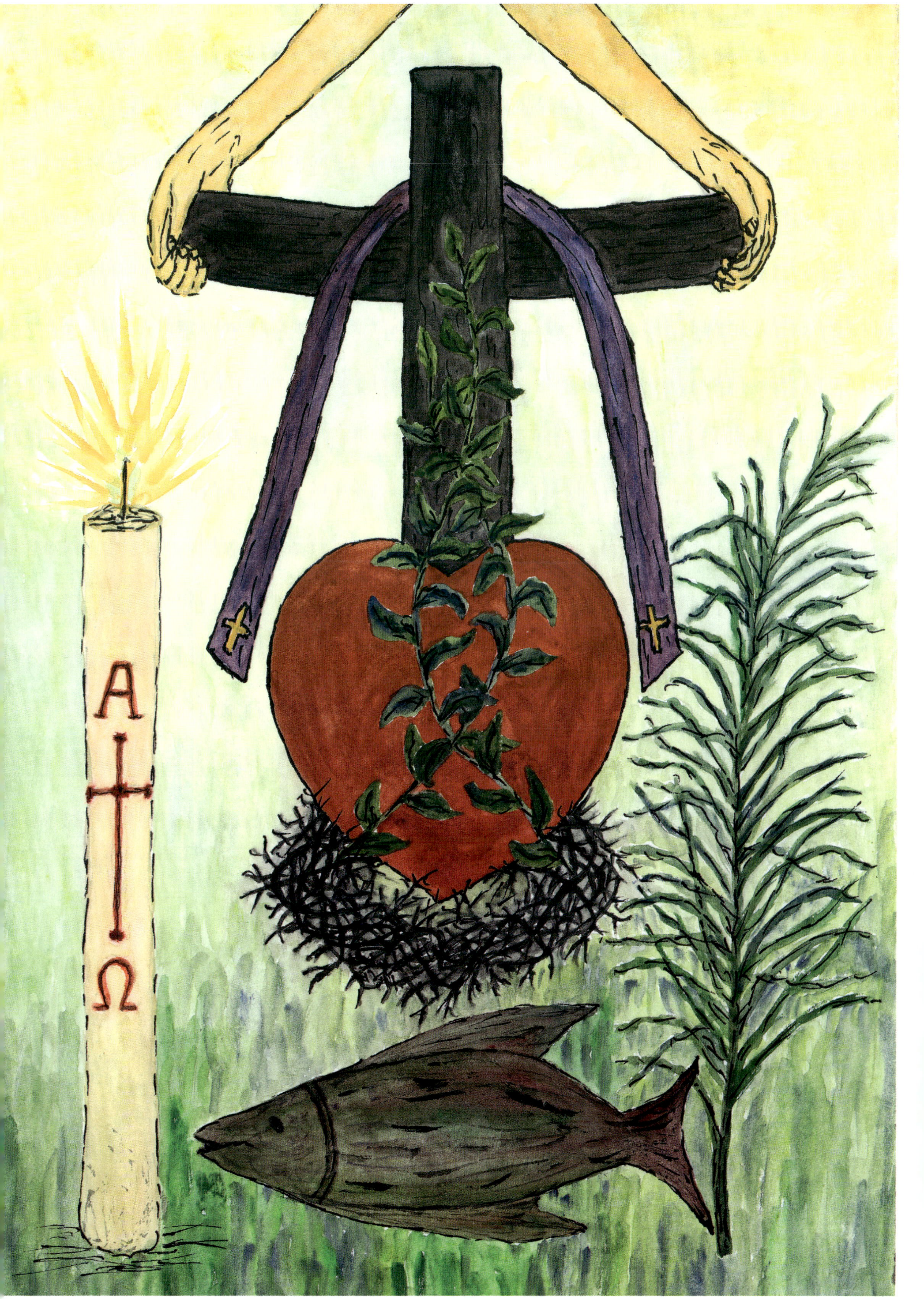
A
Ω

Änne Flosbach

Brot für alle

*Nach der Speisung der Fünftausend wurde mancher Korb gefüllt,
und in vielen klang es brausend: Er ist's, der den Hunger stillt.*

*Alle durften satt sich essen, durch das Teilen wuchs das Brot.
Keiner fühlte sich vergessen, und zu Ende war die Not.*

*Judas' Kinder sollen sehen, Gott ist immer für uns da.
Doch nur schwer ist zu verstehen, was der Heidin selbst geschah.*

*Für ihr Kind schreit sie um Heilung, folgt dem Herrn und fleht Ihn an:
„Du bist unsere letzte Rettung, wenn nichts weiter helfen kann!"*

*Doch der Herr gibt zu bedenken: „Für Mein Volk ward Ich gesandt.
Ihm soll Brot und Heil Ich schenken, Hunde wurden nicht benannt."*

*„Auch der Hund, er braucht Erbarmen, frisst von seines Herren Tisch.
Gib das Brot der Huld uns Armen und verstoß' die Heiden nicht!"*

*Und ihr Glaube fand Erhörung. Gottes Korb wird niemals leer.
Ihm gebühret die Verehrung, Seiner Güte mild und hehr.*

(nach Mt 15, 21 – 28)

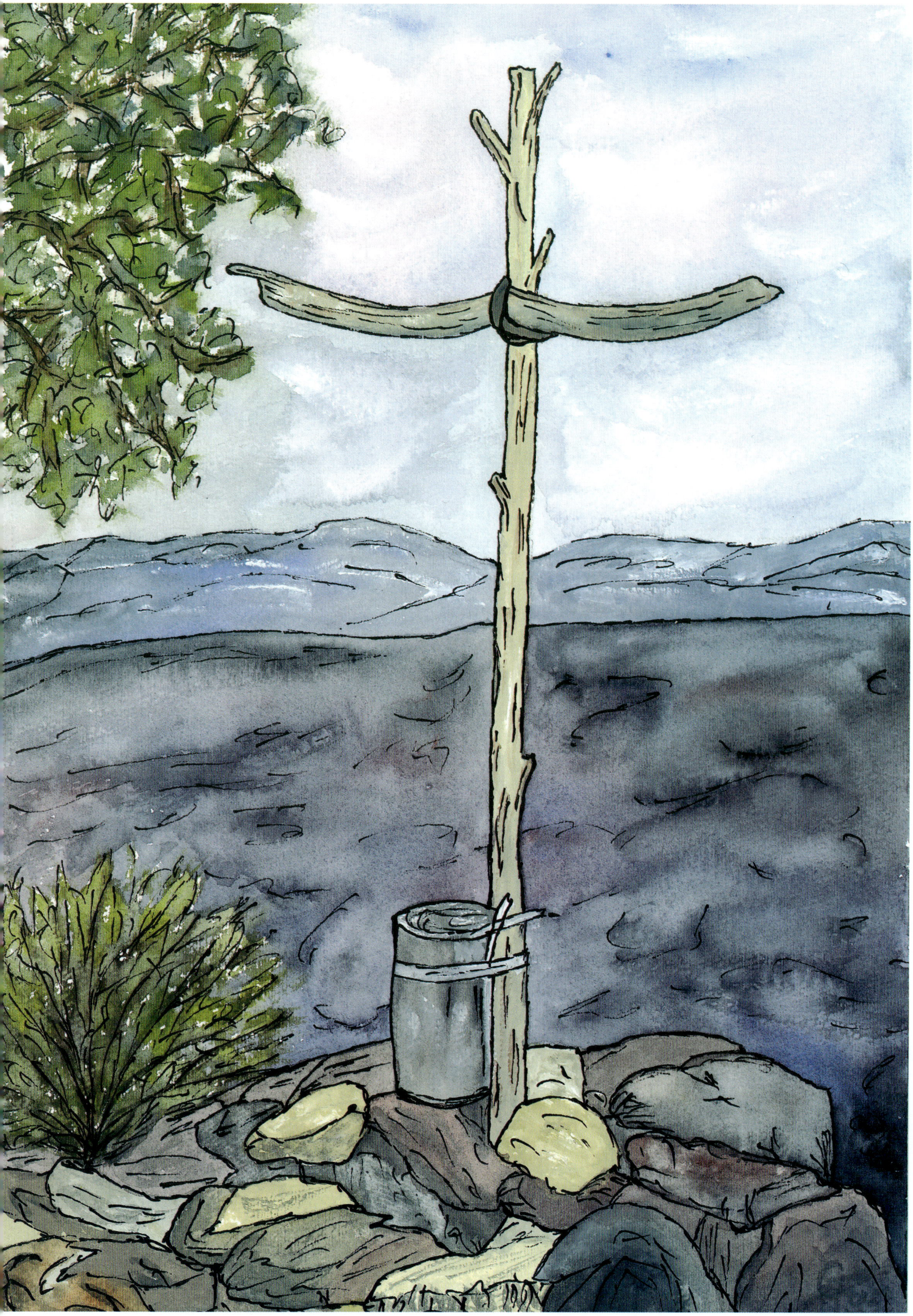

Änne Flosbach

Kommt zur Hochzeit

*Zum Fest geladen hat der Herr uns schon,
als in der Taufe Er uns angenommen.
Das Hochzeitsmahl bereitet Er zum Lohn
für jeden Eingeladenen, der gern gekommen.*

*Lasst uns dem Ruf des Königs Folge leisten,
kein zweites Mal steht Er vor unserer Tür.
Und wer zur Absage sich will erdreisten,
dem fehlt für Gottes Gnade das Gespür.*

*Das Mahl ist fertig, doch die Gäste fehlen.
Das ird'sche Denken hält sie zäh zurück.
Drum wird der Herr sich andere erwählen,
die noch nichts wissen von dem späten Glück.*

*„Bringt alle her, die an den Straßen stehen,
die arm und elend, die verlassen weinen!
Sie sollen nun den Glanz des Festes sehen,
das Ich bereitet Meinem Sohn, dem Einen!*

*Im Festgewande sollt ihr vor Ihn treten,
gehüllt in Demut, Liebe, Lauterkeit;
dann werdet ihr von Ihm zu Tisch gebeten
in Seine unbeschreibbar große Herrlichkeit."*

(nach Mt 22, 1-10)

Der gute Hirt

Horcht auf die Stimme, die euch folgen heißt,
wägt ab den Klang, ob er ganz rein und echt!
Nur Jesus ist es, der den Weg euch weist.
Sein Wort ist Stütze, leitet zielgerecht.

Er ging voran durch unser Erdental,
durch Höhen, Tiefen, Einsamkeit und Not.
Er stellt auch uns vor diese letzte Wahl:
Bist du Mir treu, treu bis in Angst und Tod?

Er ist der Hirte, der die Wege kennt,
selbst wenn verschlungen sie und ausweglos.
Er ist es, der das höchste Ziel benennt,
wenn alles Irdische liegt einmal nackt und bloß.

Gerufen wurdest du durch Gottes Wort,
geheiligt durch das Wasser und den Geist.
Durch Christus findest du zum Himmelsport,
wie es Sein Wort dir felsenfest verheißt.

Er ist der Hirte, der dich liebend führt,
der dich in schweren Zeiten sicher leitet.
Der auch das kleinste Hindernis erspürt
und deinen Blick für Ewigkeiten weitet.

Er ist der Weg, die Wahrheit und das Leben,
das Leben, das Er mit uns teilen will.
Drum brauchst du dich in Seine Hand nur geben,
dann wird dein Sehnen, Suchen friedvoll still.

(nach Joh 10, 3 – 4 und 14,6)

Aschermittwoch

*Aschermittwoch, dieser Name klingt schwer,
als käm' er aus dunklen Zeiten her.
Er setzt eine Grenze dem Spiel und dem Tanz
und richtet den Blick auf ewigen Glanz.*

*Er zeigt die Vergänglichkeit dieser Welt,
sagt uns, dass alles zu Staub zerfällt,
dass die Reichen wie auch die Armen
nur Hilfe finden in Gottes Erbarmen.*

*Gottes Vaterherz steht allen offen,
die zur Umkehr bereit, die innig hoffen,
dass jede Sünde vergeben wird
im Vertrauen auf den guten Hirt.*

*Das Kreuz auf der Stirn will dem Menschen sagen:
Du wirst wieder Staub, doch ertrag es ohn' Klagen,
denn aus dem Staub will Gott dich erheben
zu unvergänglichem, ewigen Leben.*

*Durch Buße und Reue kannst du dich bereiten.
Christus selber wird deinen Weg begleiten.
Er trägt mit dir alle Mühe und Last
und bietet sich an zur Ruhe und Rast.*

*Und am Ende der Zeiten strahlt auf der Tag,
den niemand zu beschreiben vermag.
Das nicht endende Ostern wird denen geschenkt,
die sich demütig in Gottes Liebe versenkt.*

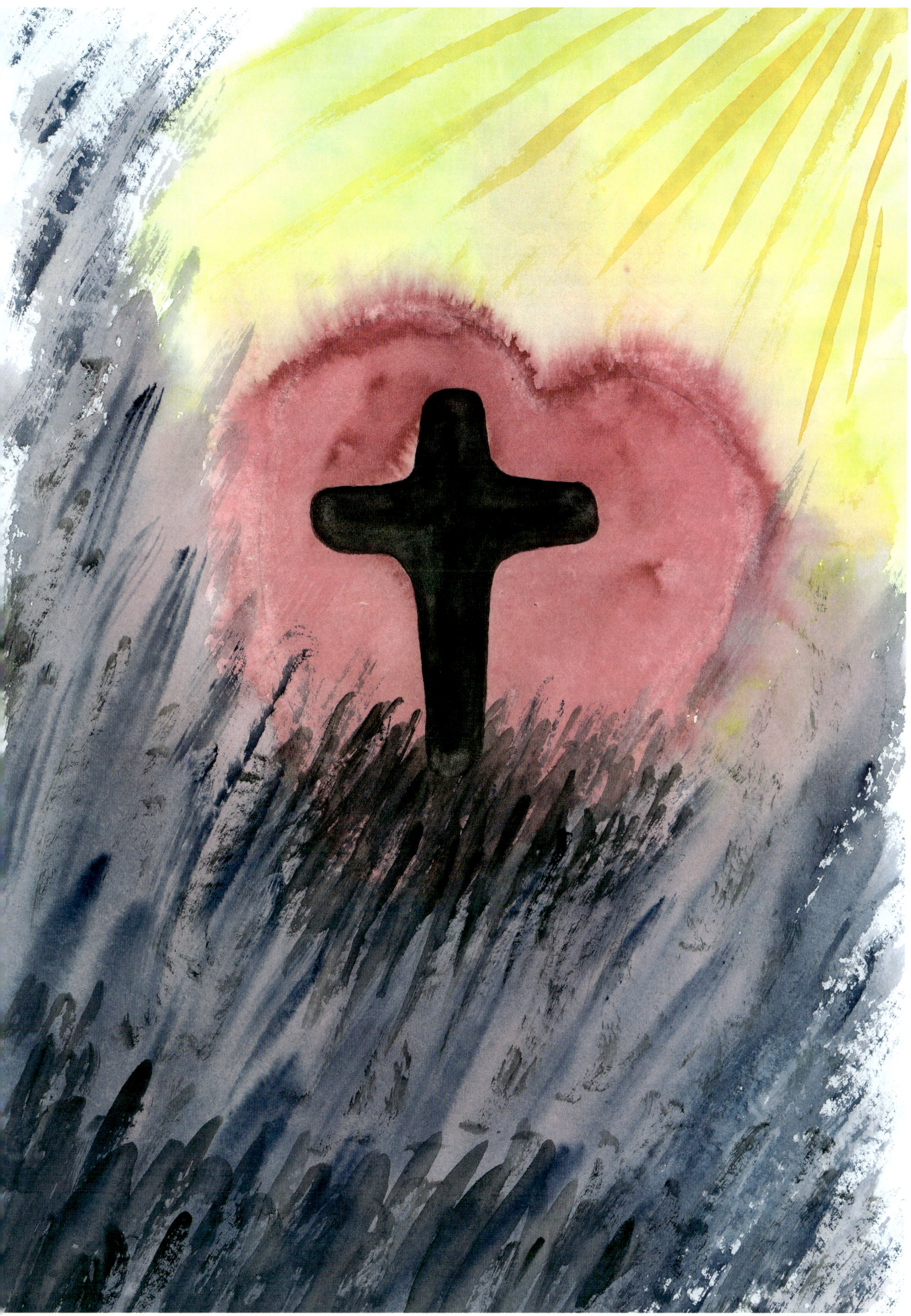

Änne Flosbach

Versuchung

*Der Hunger nach Brot, Ehre und Macht
hat die Menschen schon immer im Tiefsten gepackt.
Brot brauchen wir zum täglichen Leben,
Brot ist das Zeichen für Nehmen und Geben.*

*Und die Ehre gibt dem Menschen Mut
zu allem, was er schafft und tut.
Doch Ehre um der Ehre willen
kann niemals das Sehnen des Menschen stillen.*

*Denn immer höher will er steigen,
will Macht ergreifen, verlernt sich zu neigen,
möchte alles beherrschen nach seinem Denken
und kann diesen Hunger nach Macht nicht mehr lenken.*

*Dieser Versuchung heißt's zu widerstehen,
ihr gerade und offen ins Auge zu sehen,
wie Jesus es in der Wüste getan,
als der Teufel trat scheinheilig an Ihn heran.*

*„Mache aus diesen Steinen hier für Dich Brot,
dann ist beendet des Hungers Not!
Zeige Deine Macht, Du Gottes Sohn,
Brot steht Dir zu, ist nach dem Fasten Dein Lohn!"*

*Doch Jesus weist ihn ruhig zurecht:
„Nicht nur vom Brot lebt der Menschen Geschlecht.
Jedes Wort, das aus Gottes Munde kommt,
ist gute Nahrung, gibt Kraft und frommt."*

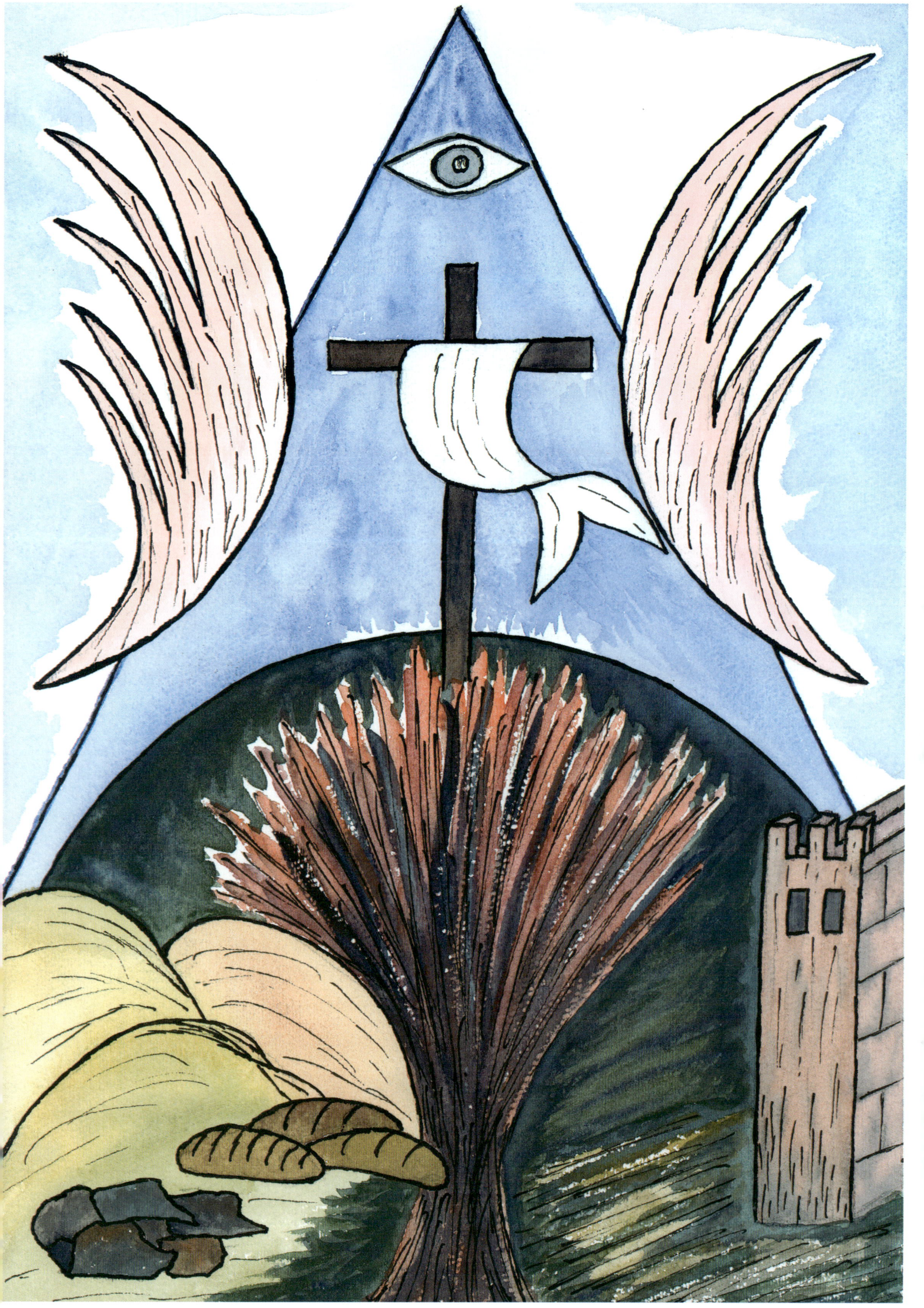

Danach wird Jesus zum Tempel getragen;
erneut will Satan sein Glück nun wagen.
„Stürz' Dich hinab von des Tempels Zinnen,
denn Dich aufzufangen ist Gottes Sinnen.

Seine Engel stehen für Dich bereit,
ist der Fall aus der Höhe auch tief und weit,
Sie fangen Dich auf in ihren Händen
und werden alles zum Guten wenden!"

Doch Jesus erkennt, was der Teufel will,
drum antwortet Er gelassen und still:
„Versuche niemals Gott, den Herrn,
nur echtes Vertrauen hat Er gern."

Auf einen hohen Berg gestellt,
zeigt der Verführer die Reiche der Welt.
„Falle nieder und bete zu mir,
dann geb' ich Dir alles, ich schenke es Dir."

Jesus weist ihn mit Strenge zurück.
„Nur die Anbetung Gottes ist des Menschen Glück.
Ihm sollst du dienen, Ihm allein.
In Ihm ist Rettung, Leben und Sein."

So wie Christus soll'n wir den Bösen bezwingen;
dann werden die Engel dem Schöpfer lobsingen.
Sie steh'n uns zur Seite in Not und Gefahr
und preisen den Herrn mit uns immerdar.

(nach Mt 4, 1-11)

Vertrauen

Herr, lehr mich vertrauen Deinem Wort,
Du bist der Helfer in aller Not.
Du bist die Zuflucht, der sichere Hort
in Schmerzen, Ängsten und Tod.

Du hast das Kreuz für uns getragen,
beladen mit Schuld und unsäglicher Pein.
Und uns fehlt der Mut, unser Schicksal zu wagen,
wir fühlen uns schwach und allein.

„Wer Mein Jünger sein will, der folge Mir!
Ich trage mit dir die Last.
Ich steh dir zur Seite für und für
und schenk´ dir auch Lebensrast.

Aus der Quelle des Heiles lass Ich dich trinken,
Brot des Lebens gibt dir Kraft auf dem Weg.
Du darfst ruhen, in Meine Arme sinken,
wenn zu schmal der gebirgige Steg.

Ich bin für dich da zu jeder Stunde,
sei es am Tage oder in der Nacht.
Mein Wunsch ist, dass dein Herz gesunde,
denn auch für dich hab´ Ich am Ölberg gewacht.

Lass dich nicht von der Welt in die Irre führen!
Ich bin der Weg, der ans Ziel gelangt.
In Mir kannst du Gottes Liebe erspüren,
wenn auch dein Herz manchmal zagt und bangt."

Änne Flosbach

Ölberg

Hörst du den Namen, zittert leicht dein Herz,
denn hier begann des Herren Leid und Schmerz.
Hier warf er sich zur Erde nieder
und rief zum Himmel immer wieder:
„Wenn es Dein Wille, Vater, dann erbarm Dich mein,
Angst drückt mich nieder, macht mich schwach und klein!"

Und diese Todesangst wird riesengroß,
das Menschsein Jesu zeigt sich nackt und bloß.
Sein Schweiß wird Blut, vermengt sich mit der Erde,
durchtränkt den Ort, damit uns Rettung werde.
Hier trägt der Herr für uns der Menschheit Not,
durchleidet Abschied, Schmerz, Verlorenheit und Tod.

„Wenn Du es willst, nimm diesen Kelch von mir,
doch auch in tiefster Nacht vertrau' ich Dir.
Dein Wille, Vater, soll der meine sein,
im Leben und im Sterben bin ich Dein.
Den Ungehorsam aller will ich tragen,
mit Deinem Beistand gar den Kreuzweg wagen."

In seiner Angst kehrt zu den Jüngern Er zurück,
doch Schlaf und Müdigkeit verschleiert ihren Blick.
Dreimal findet der Herr sie schlafend vor,
kein Flehn um Wachsamkeit dringt in ihr Ohr.
Der Geist ist willig, doch das Fleisch ist schwach,
und diese Schwäche bringt uns Weh und Ach.

Für die, die sahen Jesu Herrlichkeit,
liegt jene Taborstunde doch schon gar so weit.
Nun greift das Böse nach dem Menschensohn,
Verachtung, Niedertracht, das ist Sein Lohn.
Und selbst den Judaskuss lässt Er geschehen.
Wer kann die Tiefe solcher Lieb' verstehen?

Versenk dich ganz in Jesu letzte Stunden!
An Seinem Leid nur kann dein Herz gesunden.

(nach Mt 26, 36-46)

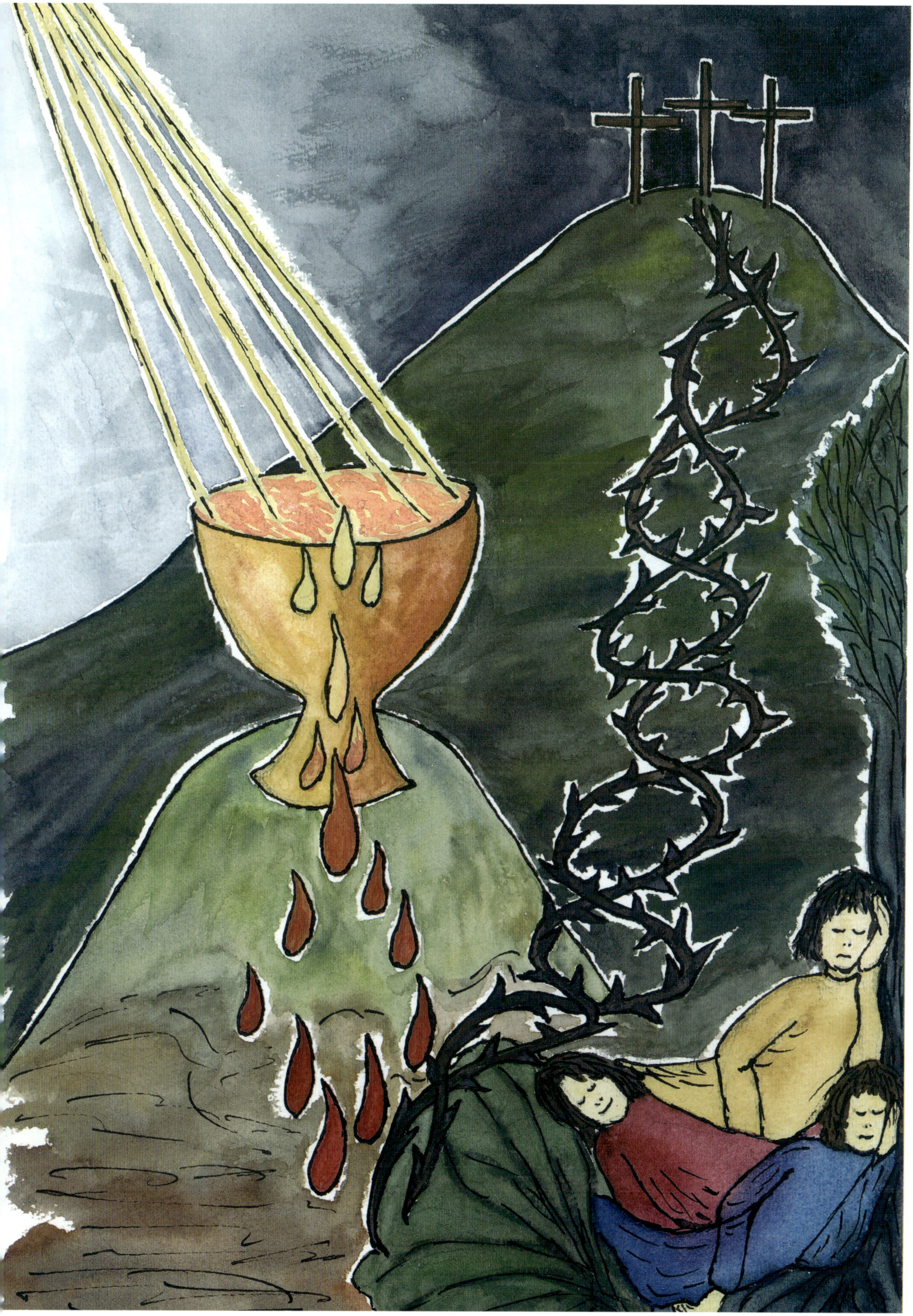

Änne Flosbach

Holz statt Brot

Mensch, bedenke, was Christus getan,
schau Ihn mit Liebe und Dankbarkeit an!
Dein Gott wird Mensch in Fleisch und Blut,
überlässt sich schließlich der menschlichen Wut,
spannt Seine Arme am Kreuze weit aus
und öffnet den Weg zu des Vaters Haus.
Doch wir verharren in unserer Not,
wir geben Ihm Holz für Sein Himmelsbrot.

Er geht mit uns in Freude und Leid.
Er ist zu helfen stets bereit.
Wenn wir vertrauensvoll zu Ihm kommen,
werden wir ganz von Ihm angenommen.
Er will mit uns tragen des Lebens Last,
will Ruhepol sein in der täglichen Hast.
Doch wir verharren in unserer Not,
wir geben Ihm Holz für Sein Himmelsbrot.

Er speist die vielen, die zu Ihm eilen,
die Sein Wort hören, die kurz verweilen.
Er spricht vom Brot, das Leben schenkt,
das in Leib und Seele wird eingesenkt.
Doch wir verhalten uns wie die Tauben,
wir begegnen der Botschaft mit wenig Glauben.
Wir verharren lieber in unserer Not,
und geben Ihm Holz für Sein Himmelsbrot.

Auch jetzt noch wird Christus täglich geschlagen
durch unsere Bosheit, durch unser Versagen.
Doch alles schon trug Er nach Golgotha
auf dem Kreuzesholz, Seinem Opferaltar.
Er hat uns errettet aus unserer Not
und ist immer bei uns im Himmelsbrot.

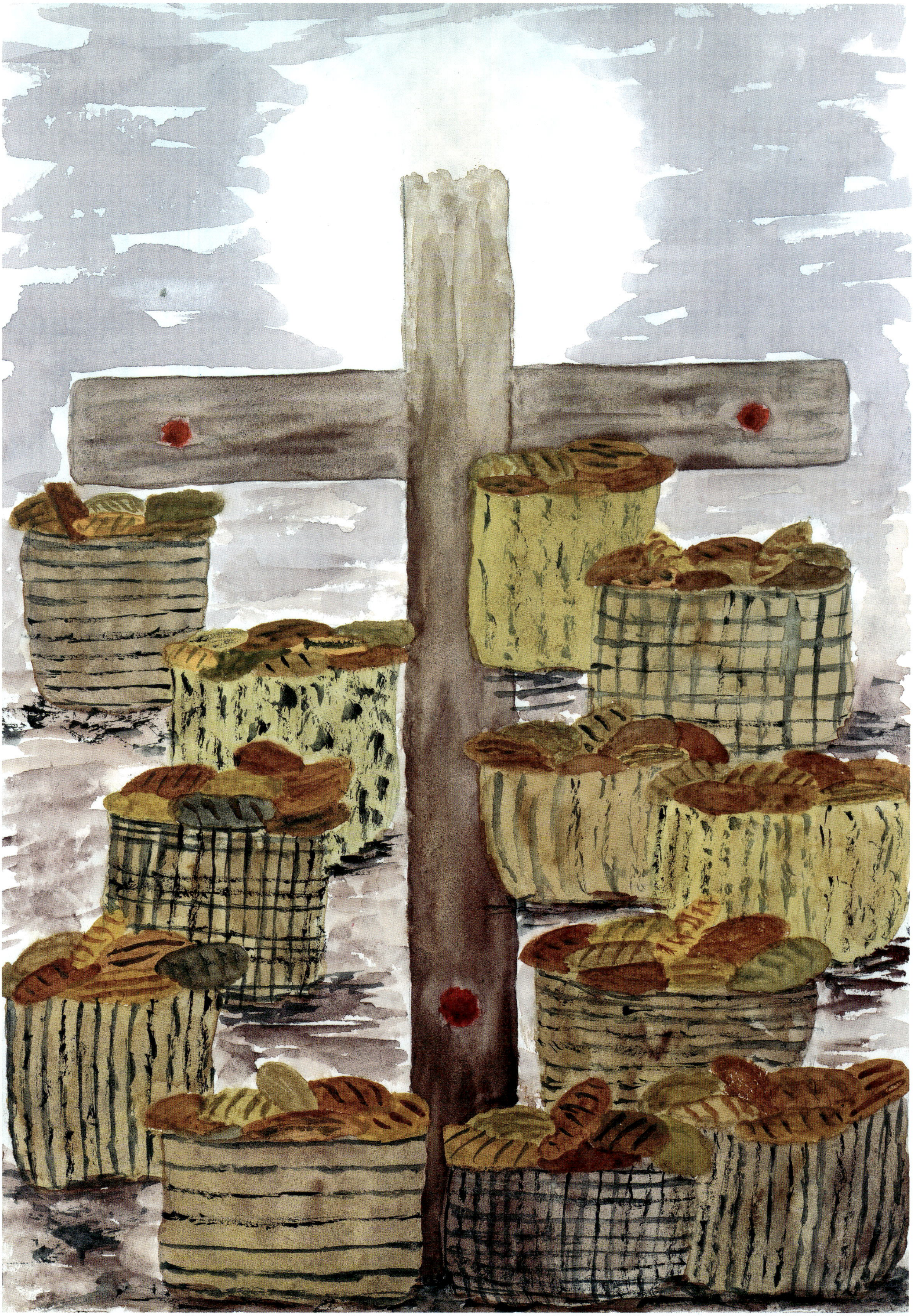

Änne Flosbach

Kreuzweg

*Jesus, lass mich mit Dir gehen,
Deine Liebe recht verstehen,
die so übergroß und tief.
Lass mich bei Dir still verweilen
ohne Zagen, ohne Eilen,
weil Dein zärtlich Wort mich rief.*

I. Jesus wird zum Tode verurteilt

*Vor Pilatus musst Du stehen,
schuldlos, ohne ein Vergehen,
ausgeliefert an die Macht.
Weil der Geifer Dich umbrandet,
klares Denken schnell versandet,
wartet auf Dich Todesnacht.*

*II. Jesus nimmt das schwere Kreuz
auf seine Schultern*

*Du umfängst mit Deinen Armen
Kreuzesholz, doch voll Erbarmen
denkst Du an der Menschen Schuld.
Unsere Sünden willst Du tragen,
klaglos und ohn' alle Fragen,
zu erwerben Gottes Huld.*

*III. Jesus fällt zum ersten Mal
unter dem Kreuz*

*Schwer drückt diese Last Dich nieder,
kraftlos sind die schwachen Glieder,
nur die Erde fängt Dich auf.
Opferlamm auf staub'ger Erde,
dass uns Heil und Rettung werde,
Sterbensweg, nimm deinen Lauf!*

*IV. Jesus begegnet seiner
 betrübten Mutter*

*Wer ermisst die großen Schmerzen,
die zerreißen beider Herzen,
als die Mutter Dich erblickt?
Dieser Sohn, von Gott gegeben,
ringt hier um Sein irdisch Leben.
Schmerz und Weh Ihn fast erdrückt.*

*V. Simon von Cyrene hilft Jesus
 das Kreuz tragen*

*Alle Kraft will schon versagen,
Simon hilft das Kreuz mit tragen,
wenn auch nicht aus freier Wahl.
Hilf uns, Herr, dass wir es schaffen,
ohn' Ermüdung, ohn' Erschlaffen,
tragen mit der andern Qual.*

*VI. Veronika reicht Jesus das
 Schweißtuch dar*

*Tapfer dringt sie durch die Reihen,
um dem Herrn das Tuch zu leihen,
das Sein Antlitz liebend kühlt.
Jesu Bild nun darf sie sehen,
Seine Liebe ganz verstehen,
die mit jedem Menschen fühlt.*

*VII. Jesus fällt zum zweiten Mal
 unter dem Kreuz*

*Herr, die Kraft will Dich verlassen,
blutlos sehn wir Dich erblassen
unter uns'rer schweren Schuld.
Doch die Schergen, ohn' Erbarmen,
zerren Dich an Bein und Armen,
ohne Mitleid, ohn' Geduld.*

VIII. Jesus tröstet die weinenden Frauen

Frauen stehn am Weg und weinen
um den Meister, diesen einen,
der so oft geholfen hat.
Hilflos sehen sie Ihn wanken,
doch Er tröstet, lehrt zu danken
für die große Liebestat.

IX. Jesus fällt zum dritten Mal unter dem Kreuz

Fast ist schon der Berg bestiegen,
doch erneut sehn wir Dich liegen
unter Deiner Kreuzeslast.
Nicht das Holz wirft Dich zur Erde,
sondern, dass uns Rettung werde,
hast Du alle Schuld umfasst.

X. Jesus wird seiner Kleider beraubt

Auf dem Berge angekommen,
wird Dir noch Dein Kleid genommen,
nackt stehst Du vor aller Welt.
Herr, wir wollen um Dich klagen,
Schuld ist menschliches Versagen,
das in Bosheit sich gefällt.

XI. Jesus wird ans Kreuz genagelt

Hammerschläge sausen nieder
auf die schon todwunden Glieder,
angenagelt wird der Herr.
Fest auf den Altar gezwungen,
hast Du uns das Heil errungen,
uns zur Rettung, Dir zur Ehr.

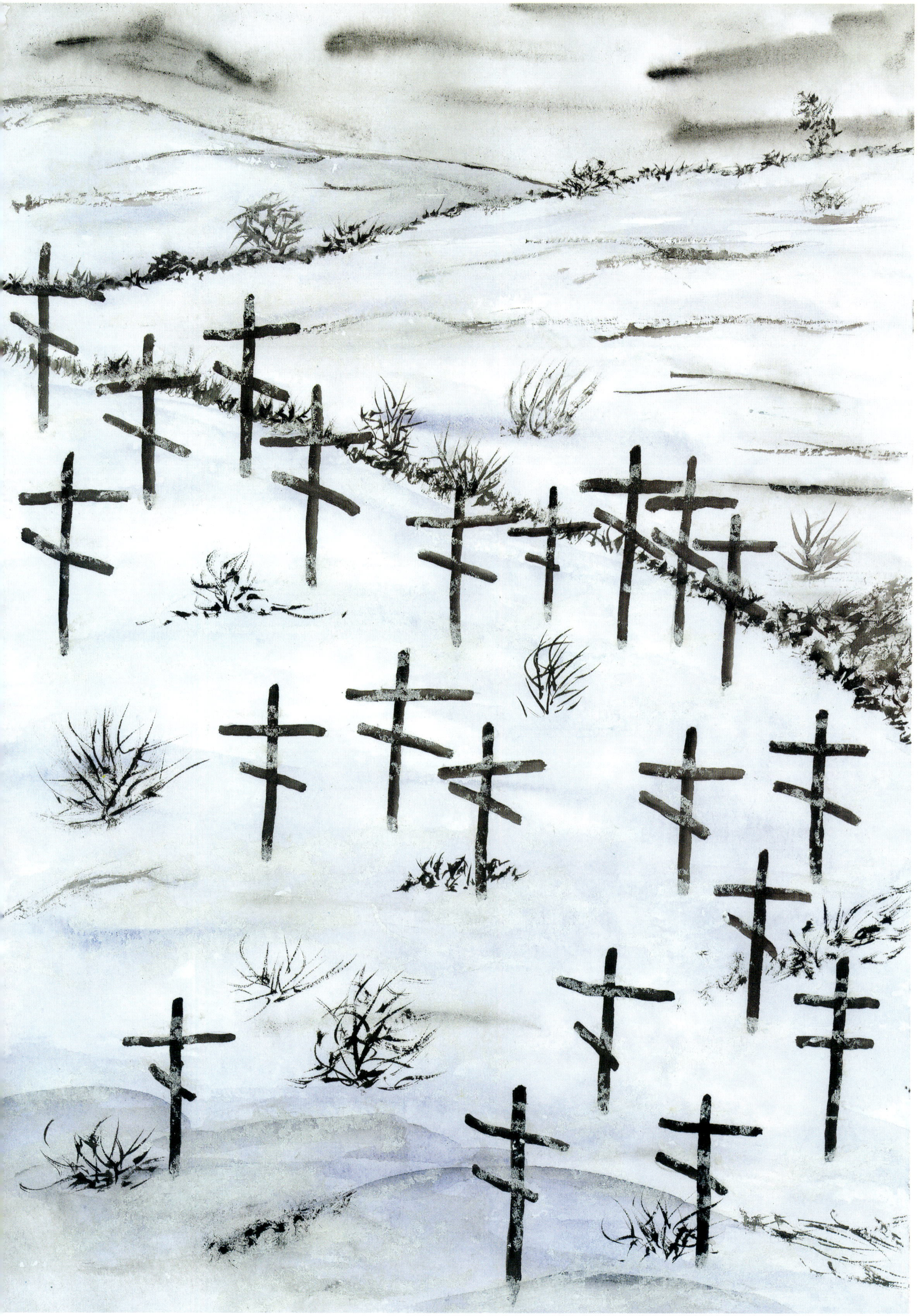

XII. Jesus stirbt am Kreuz

Ausgespannt hängst Du am Holz
wegen aller Menschen Stolz,
schutzlos preisgegeben.
Doch in tiefsten Todesschmerzen
schenkst Vergebung Du von Herzen.
Vater, gib den Menschen Leben!

XIII. Jesus wird in den Schoß seiner Mutter gelegt

Deinen Leichnam darf sie bergen,
ausgetobt das Tun der Schergen,
namenlos der Mutter Leid.
Mutter, lass uns mit dir weinen
um den Menschensohn, den einen,
der uns alle hat vereint.

XIV. Jesus wird ins Grab gelegt

Still wird es nun in der Stadt,
die viel Leid gesehen hat,
leise wird das Klagen.
Ich will tapfer mit Dir gehn,
dankend vor dem Grabe stehn,
in das Du getragen.

Wache und bete

Kannst du nicht eine Stunde mit Mir wachen,
nicht eine Stunde betend bei Mir sein?
Wenn auch die Welt versinkt in lautem, bösen Lachen,
so hoff' Ich doch auf dich, auf dich allein.

Komm, fleh mit Mir zum Schöpfer dieser Erde,
dass Er die Herzen aller Menschen lenkt,
dass endlich Einigkeit und Friede werde,
dass jeder sich in Gottes Lieb' versenkt!

Der Vater wartet auf das Flehn der Kinder.
Sein Ohr ist jedem Ruf ganz zugewandt.
Sein Herz steht offen für die reu'gen Sünder,
erbarmungsvoll reicht Er uns Seine Hand.

Nun greif nur zu und lass dich von Ihm führen,
denn Er weiß, was dir Heil und Segen bringt!
Ganz tief im Inneren wirst du verspüren,
wie durch die Gnade manches dir gelingt.

Mensch, nimm dir Zeit für viele stille Stunden,
bedenke, was dein Gott für dich getan!
Im Stillewerden kannst du ganz gesunden
und wachsen nach des Schöpfers ew'gem Plan.

Kreuzweg

Wer wagt ein Lied auf diesen Weg zu singen,
auf diesen Weg, den unser Herr gegangen?
Das Böse will den Menschensohn verschlingen,
der Menschheit Schuld hält Ihn ganz fest gefangen.

Das Kreuz legt schwer sich auf die Schultern nieder.
Es drückt das Holz, doch schwerer wiegt die Last,
die durch die Sündenflut zur Erde reißt Ihn wieder,
die Ihn mit Ingrimm und mit böser Lust erfasst.

Wer tröstet unsern Herrn in Seinem Leiden?
Wo sind die vielen, die Hosanna riefen?
Wer kann an Seinem Schmerz sich wohlig weiden?
Sind wir es gar, die Seinen Todesweg verschliefen?

Weck auf uns, Herr, und lass uns mit Dir gehen,
lass uns ein Simon von Cyrene sein!
Im Gehn mit Dir erst lernen wir verstehen,
dass keiner trägt sein Kreuz für sich allein.

Du bist bei uns und hilfst uns tapfer tragen
die Not, das Leid bis hin zur Bergeshöh'.
Mit Dir, Herr, dürfen wir es mutig wagen,
denn Du bist immer ganz in unserer Näh'.

Mit Dir allein kann uns der Sieg gelingen,
der Sieg, der selbst dem Tode raubt die Macht.
Und dankbar dürfen wir den Weg besingen,
der uns zum Licht führt durch die dunkle Nacht.

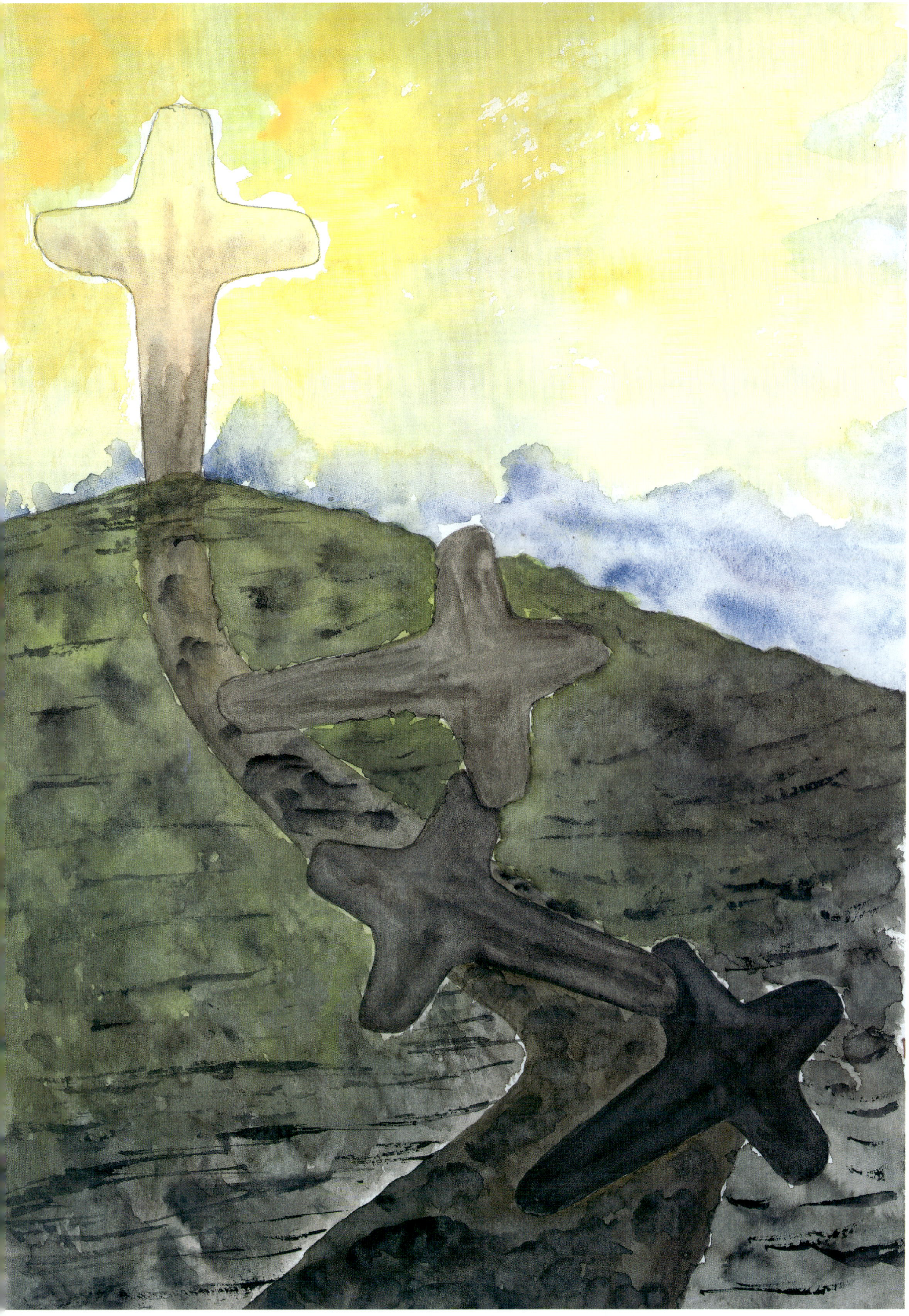

Änne Flosbach

Jesus am Kreuz

Mein Gott, mein Gott, welch' Abgrund tut sich auf!
Mein Leib hängt ausgespannt am schweren Holz.
Spott und Verhöhnung steigt zu Mir herauf,
die Sünde bäumt sich auf in ihrem Stolz.

Ich häng' verlassen hier, der Neugier ausgesetzt,
den bösen Blicken und den scharfen Zungen.
Wer ahnt, wie dieser Geifer Mich verletzt,
den sich der Hochmut ausbedungen.

Die Sonne brennt, der Körper lechzt nach Wasser,
Mücken und Fliegen schwärmen um Mich her.
Umgeben bin Ich von der Meute Hasser,
das Atmen fällt Mir -ach- unendlich schwer.

Gott-Vater, Deine Nähe fühl' ich nicht.
Bin Ich denn wirklich auch von Dir verlassen?
Gibt's in der Not nicht einen Funken Licht,
muss Ich ohn' jeden Beistand hier verblassen?

Mein Schmerz umfasst der ganzen Menschheit Not.
Ich leide mit den Großen, mit den Kleinen.
In Mir stirbt jeder seinen eignen Tod,
mit Mir darf jeder seine Tränen weinen.

Doch schließlich hat auch diese Qual ein Ende.
Ich fühle, dass mein Werk das Ziel erreicht.
Du nimmst mich auf in Deine guten Hände,
der Schmerzenstod, er wird jetzt licht und leicht.

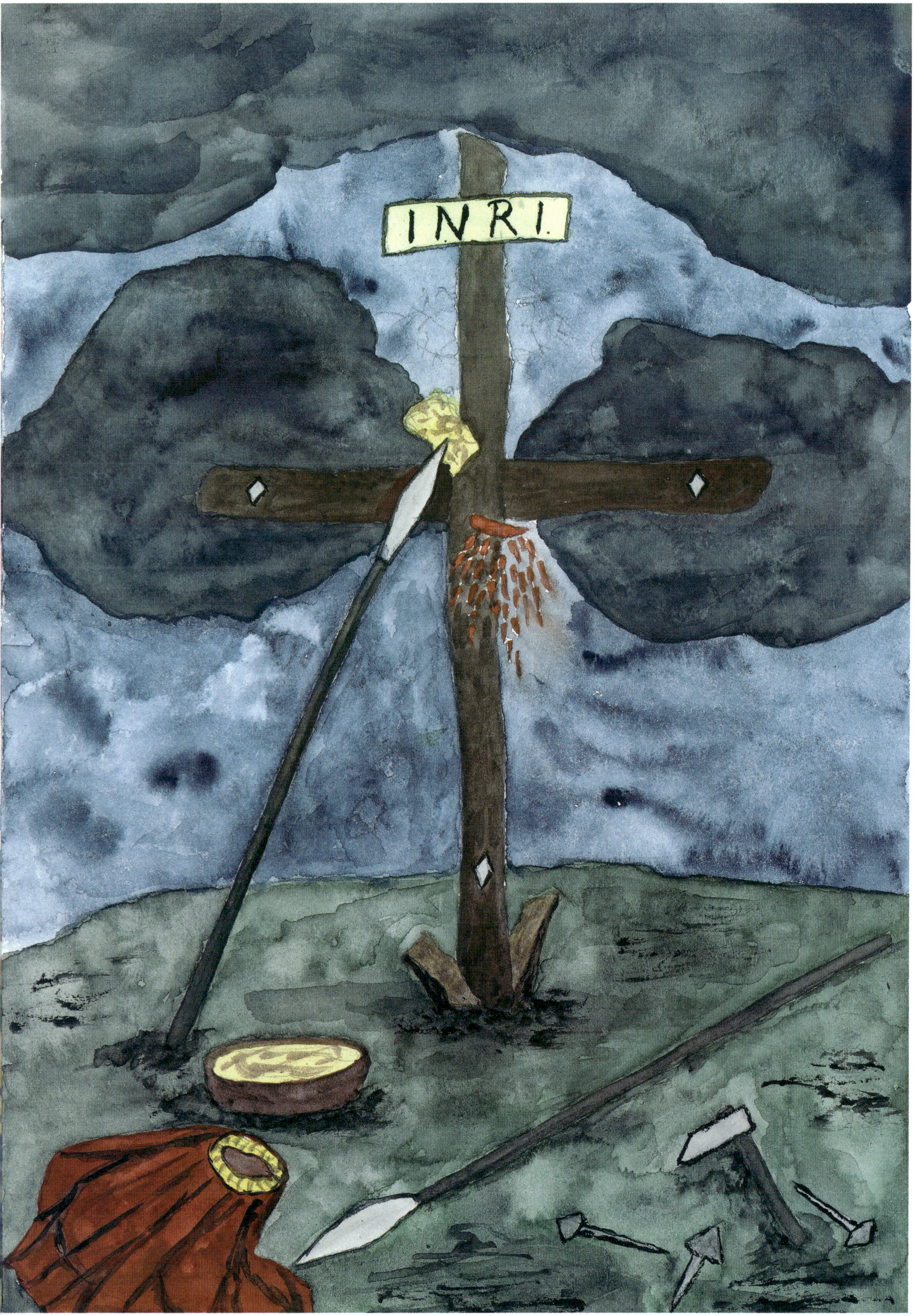
INRI.

Jesu Klage am Kreuz

„Eli, Eli, lema sabachtani",
so schreit der Herr in Seiner höchsten Not.
„Verblutend häng ich an dem Kreuze hie
und warte auf Erlösung durch den Tod.

Der Menschen Spott und Hass schlägt mir entgegen,
der Hölle Geifer brandet auf mich zu;
nicht Händ' noch Füße kann ich mehr bewegen,
selbst hier am Kreuz gönnt man mir keine Ruh.

Mein Vater, warum hast Du mich verlassen,
warum tut sich der Abgrund vor mir auf?
Bald wird mein Leib hier ausgestreckt verblassen,
und das Vergehen nimmt dann seinen Lauf.

Doch nicht was ich will, soll an mir geschehen,
Dein göttlich Walten sei für mich Gebot.
Und alle werden es dann einmal sehen,
wie Du errettest aus der tiefsten Not.

Mein Geist, o Vater, sei in Dir geborgen,
vertrauensvoll geb ich mich gänzlich hin.
In Dir erstrahlt der neue, ew'ge Morgen,
und Auferstehung ist der Neubeginn."

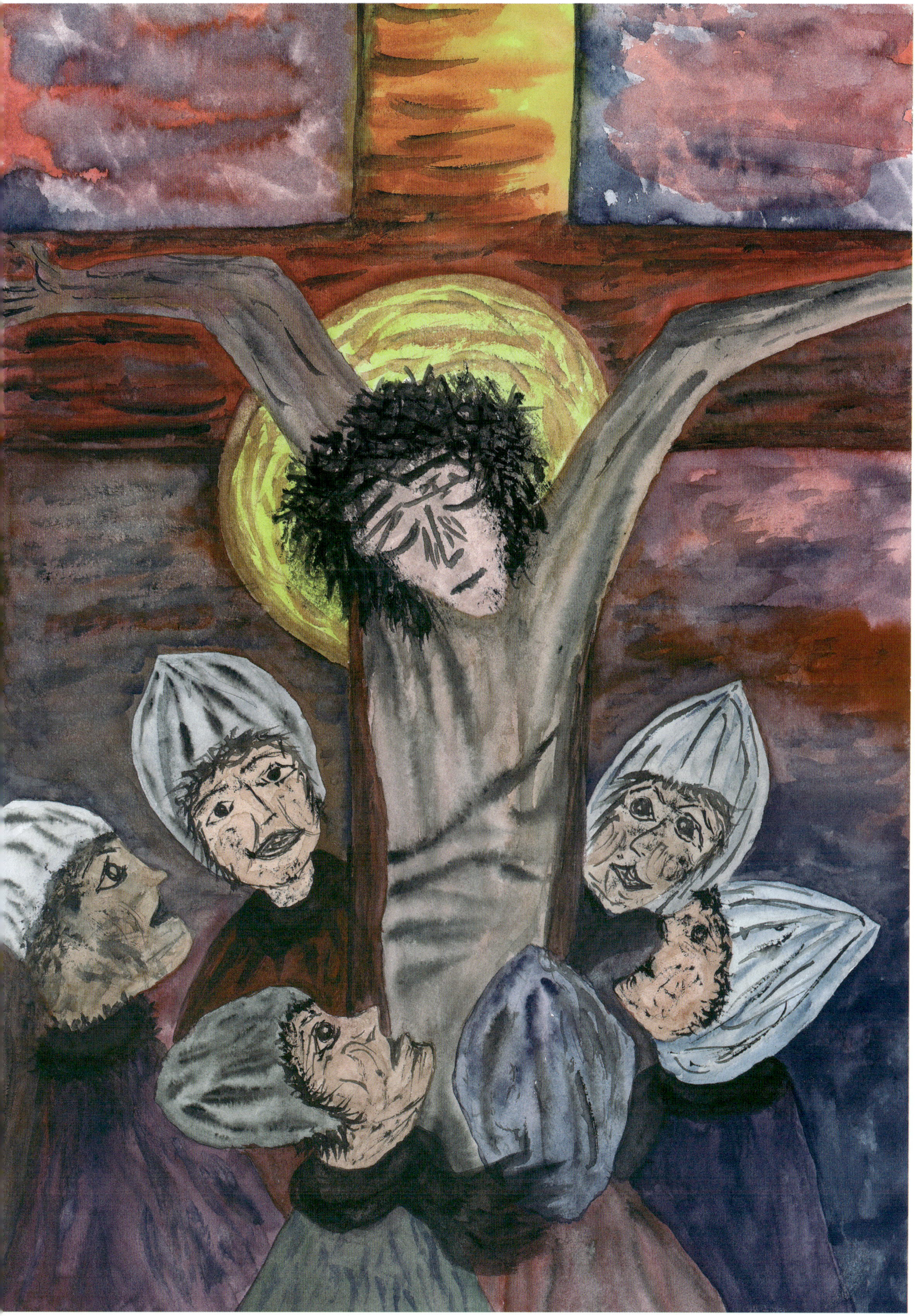

Änne Flosbach

Tod – Geburt zum neuen Leben

*Wie das Weizenkorn im Erdreich ruht,
so wird Jesu Leib hineingebettet.
Ausgetobt hat sich der Menschen Wut,
und die Macht der Mächt'gen scheint gerettet.*

*Doch der ausgespannt am Kreuze starb,
steigt hernieder in das Reich der Toten.
Er, der liebend um die Menschen warb,
will die tiefsten Tiefen selbst ausloten.*

*Auf der Erde herrscht nun Grabesstille,
denn der Tod scheint jeden zu erschrecken.
Doch des Heilands Weg ist Gottes Wille,
siegreich wird das Leben Ihn erwecken.*

*Leben, das aus Gottes Sein entspringt,
das kein Ende jemals mehr wird sehen,
das in Gottes Herrlichkeit versinkt,
das in Ihm erblüht zum Auferstehen.*

*Mensch, wenn dich die Angst vor'm Tode plagt,
lass dich in des Herren Arme fallen!
Ew'ges Leben ist dir zugesagt,
durch den Tod wirst du zum Vater wallen.*

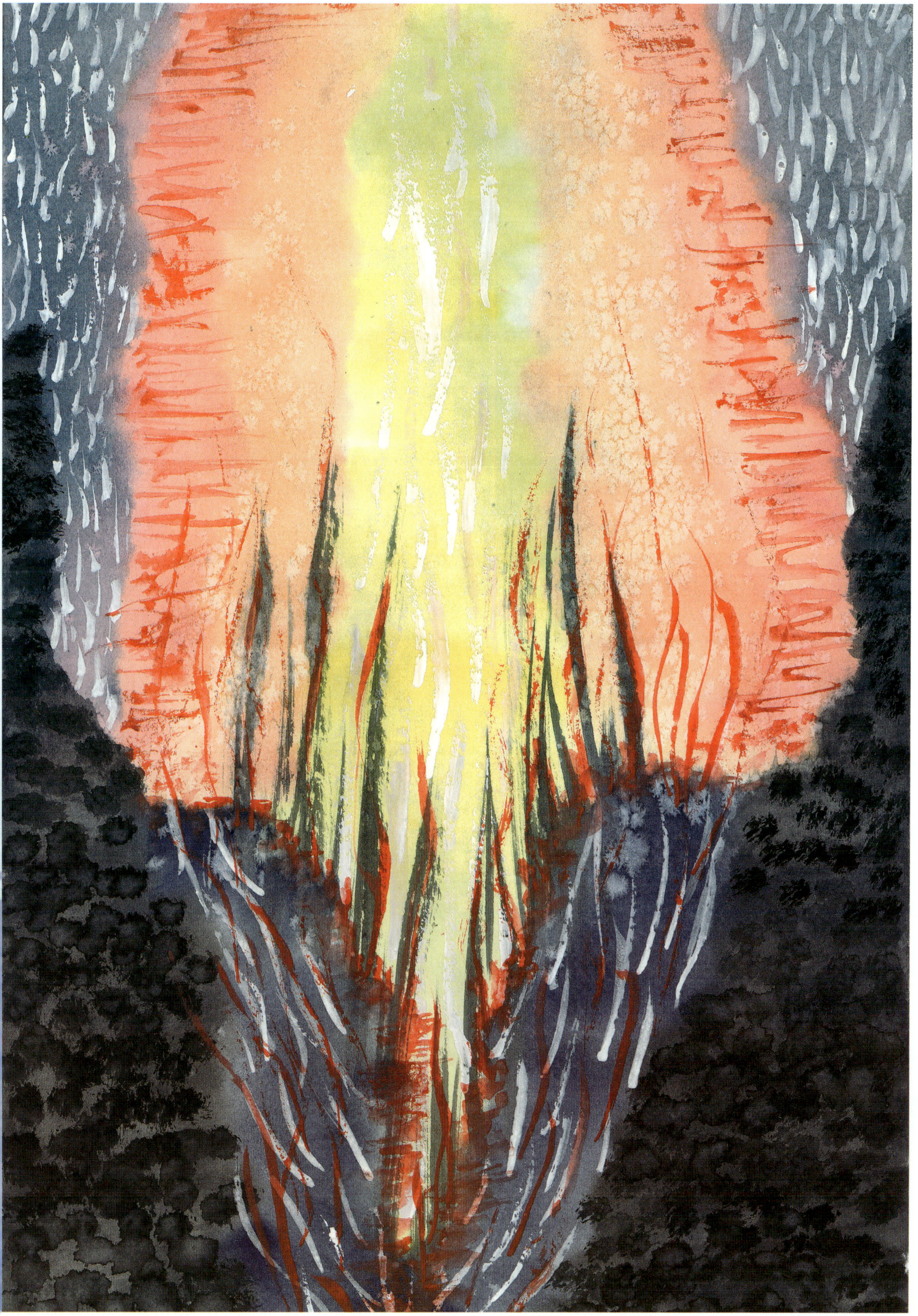

Änne Flosbach

Retter der Welt

Der Vorhang reißt im Tempel entzwei,
der Weg zum Allerheiligsten ist frei.
Was durch der Menschen Schuld verbaut,
ist offen nun, wird allen vertraut.

Nicht das Blut von Tieren tilgt die Schuld,
des Heilands Blut schenkt Gottes Huld.
Es ist für uns der Quell des Lebens,
wer davon trinkt, tut's nicht vergebens.

Durch Christi Tod steht der Himmel offen,
wir dürfen ganz fest auf Rettung hoffen.
Und scheint uns der Weg auch manchmal verstellt,
Er *ist uns nahe, der Retter der Welt.*

Tod und Auferstehung

Räumt schnell den Stein vom Grabe weg,
Ich bin die Auferstehung und das Leben.
Ich führe euch den sich'ren Steg
und will euch ew'ges Leben geben.

Wer an mich glaubt, lebt auch im Tod,
den Untergang wird er nie sehen.
Wer hielt Mein göttliches Gebot,
mit dem will Ich durch's Sterben gehen.

Habt keine Angst, Ich bin die Tür,
die allen weit geöffnet steht.
Ich leite alle für und für,
bis ihr das Licht, die Fülle seht.

Glaubt nur an mich und an mein Wort,
so wird der Tod euch niemals schaden.
Ich bin für euch der wahre Hort,
Ich hab' zum Festmahl euch geladen.

(nach Joh 11,25)

Änne Flosbach

Ostern

Wälzt doch den Stein vom Grabe fort,
der schwer und groß die Öffnung schließt!
O, wälzt ihn fort von diesem Ort,
damit der Segen sich ergießt!

Viel' Steine gibt es in der Welt,
die sich zu Hindernissen türmen.
Der Weg zum Mitmensch wird verstellt,
Gewalt hofft alles zu erstürmen.

Vermauert wird die Welt durch Stein,
durch Steinschlag fällst du tot zur Erde.
Ein Herz aus Stein zerstört das Sein.
Herr, hilf, dass neues Leben werde!

Erschüttere unseren starren Sinn,
brich auf das fest verschlossene Tor!
Zeig, dass in jedem Neubeginn
ein neuer Frühling tritt hervor!

Wie Christus Grab und Tod bezwang,
so lass auch uns zu Siegern werden!
Wer sich besiegt und mit sich rang,
der wird zur Hoffnung hier auf Erden.

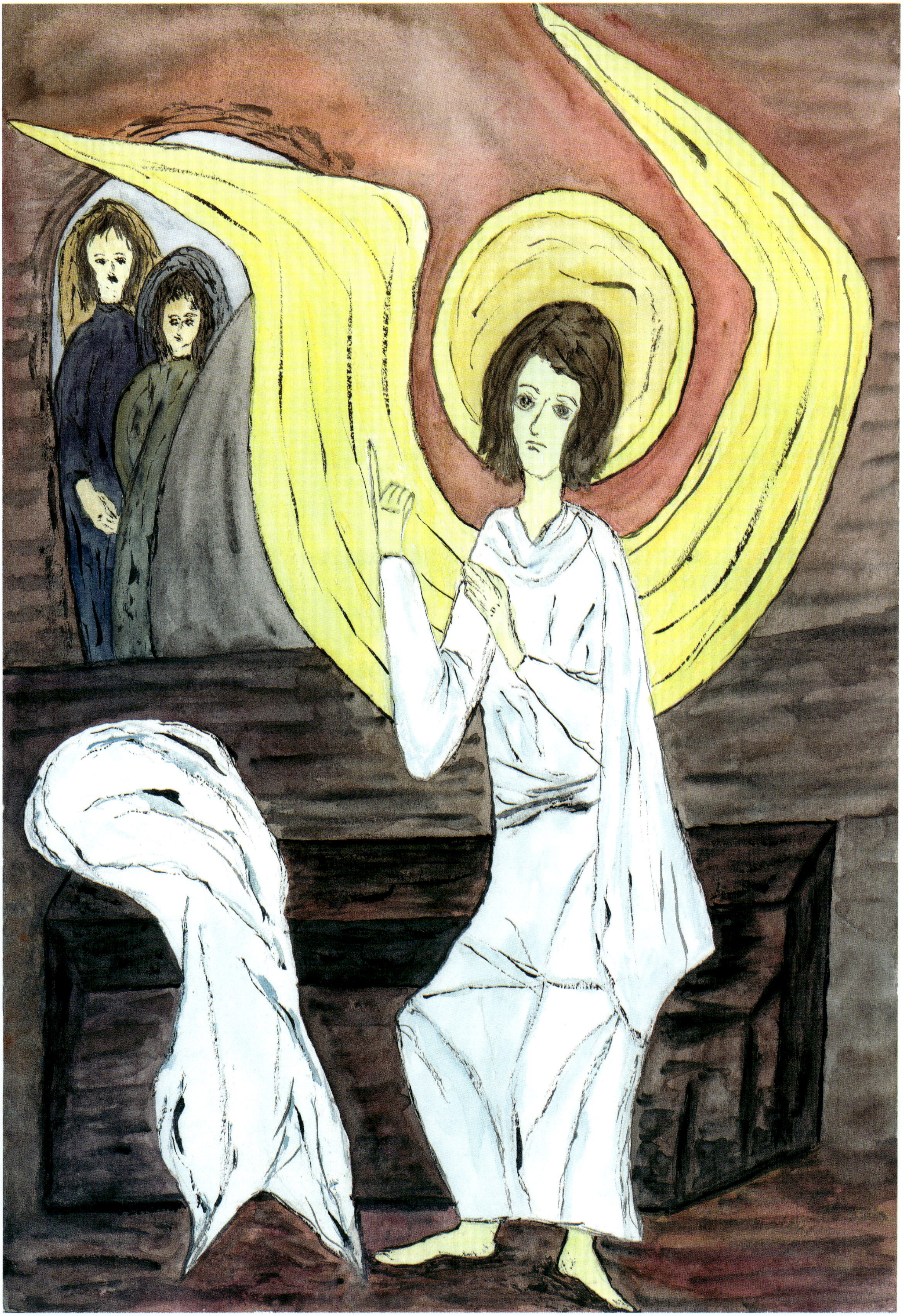

Änne Flosbach

Ostern

Aus dem Grab hervorgegangen
ist der Herr in dieser Nacht.
Alles Ende hat ein Bangen,
da das Leben neu erwacht.

Leben aus dem Tod geboren,
Leben ohne End' und Zeit,
Leben voll und ganz erkoren
für die lichte Ewigkeit.

Freu dich, Menschenkind, und preise
deinen Herrn, der für dich starb!
Danke Ihm auf deine Weise,
der den Himmel dir erwarb.

Stimme in den Jubel ein,
der am Ostertag erklingt:
Jesus hält nicht Grab noch Stein,
Halleluja, lobt und singt!

Ostern

Halleluja, lobt den Herrn,
der vom Tod erstanden ist!
Leid und Trauer sind nun fern,
denn verklärt ist Jesus Christ.

Menschenhass kann nicht mehr schaden;
Stein und Felsen brechen auf.
Durch des Vaters reiche Gnaden
ward erfüllt der Siegeslauf.

Aus dem Tod ersteht das Leben,
aus dem Samenkorn die Frucht.
Ewigkeit wird dem gegeben,
der nach seinem Urbild sucht.

Halleluja, lernet sehen,
öffnet Ohr' und Augen weit!
Wunder werdet ihr verstehen
jetzt zur gnadenreichen Zeit.

Änne Flosbach

Auferstehung

Jubelt laut, ihr Völker alle, jubelt und singt unserm Herrn!
Er erhob uns von dem Falle, preist und lobt Ihn darum gern.

Jesus gab für uns Sein Leben unter großer Qual und Pein,
wurd' den Sündern übergeben, musste gar begraben sein.

Doch der Tod konnt' Ihn nicht halten, Stein und Wächter schafften's nicht.
Jesus, Sieger der Gewalten, trat als Christus neu ans Licht.

Tod und Sünde sind bezwungen, ewiges Leben wurd' geschenkt.
Darum sei Dem Dank gesungen, der das Los der Menschen lenkt.

Freut euch, freut euch, Stund' um Stunde über dieses große Glück,
tragt in alle Welt die Kunde: Gottes Liebe kehrt' zurück.

Christ verwandelt alles Leben, trägt es hin vor Gottes Thron,
will Unsterblichkeit uns geben, Er, des Vaters eig'ner Sohn.

Mit Ihm dürfen wir aufstehen, dürfen voller Freude sein,
werden Gottes Schönheit sehen, werden heilig, gut und rein.

Mensch, nun stimm dein Loblied an, preis' und danke Jesus Christ!
Denk', was Er für dich getan, da durch Ihn dir Rettung ist.

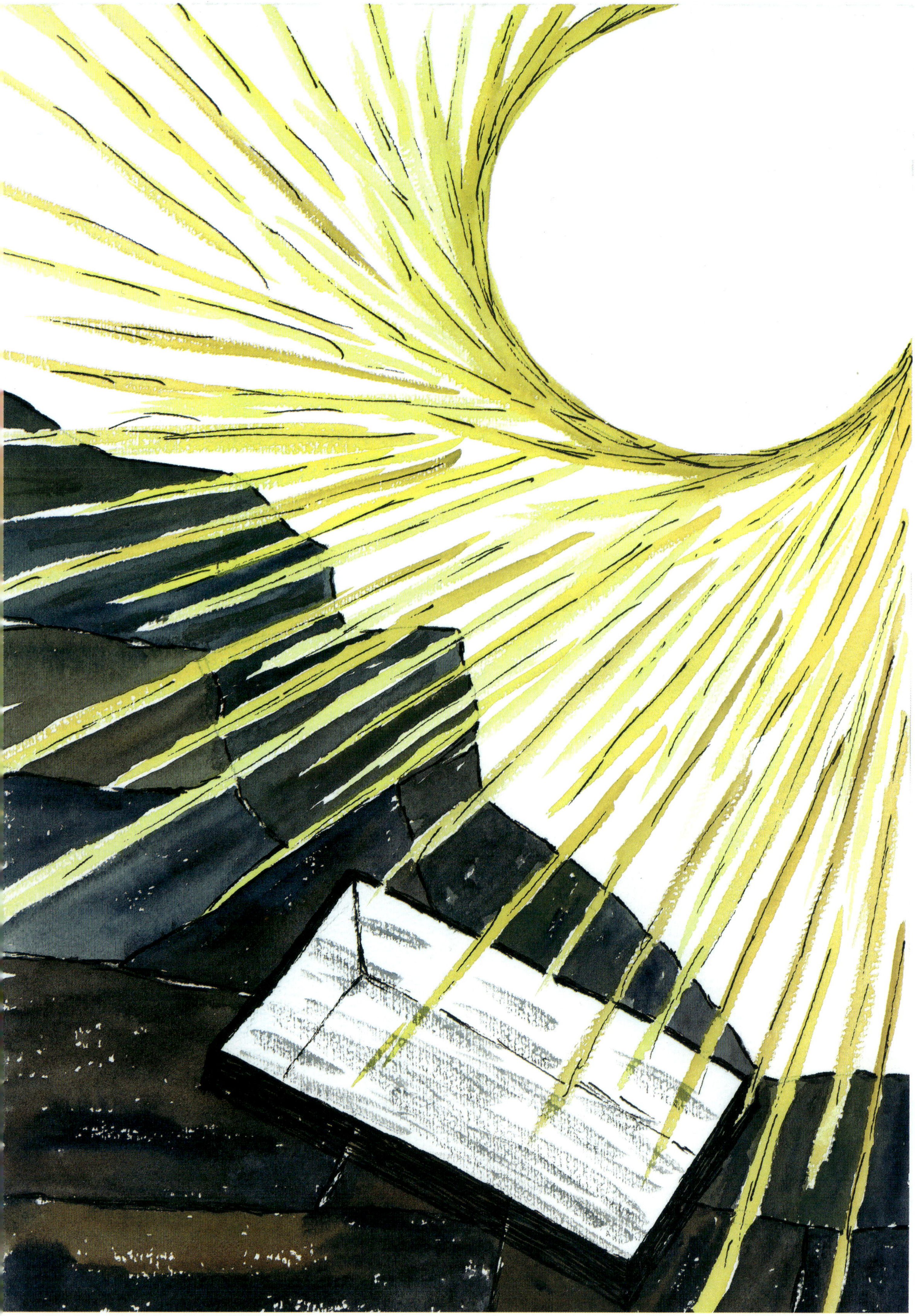

Österliche Begegnung

Der Stein ist weggerollt,
das Grab ist leer,
an dieser Stätte findest du
den Herrn nicht mehr.
Du musst dich selbst nun
auf den Weg begeben,
um Jesus einzulassen
in dein ird'sches Leben.

Im Gärtner darf die Trauernde
den Herrn erkennen.
In tiefer Liebe wird sie
Ihn Rabbuni nennen.
Der Garten wird
für sie zum Paradies,
aus dem die Sünde einst
die Stammeltern verwies.

Zwei Wanderer eilen
auf den staub'gen Pfaden.
Ihr Herz ist schwer,
mit Trauer ganz beladen.
Er, auf den alle Hoffnung
sie gestellt,
Er musste sterben,
wurde wie ein Baum gefällt.

Doch dieser Weg,
den trostlos sie beschritten,
auf dem sie noch einmal
des Heilands Tod durchlitten,
er führt sie zur Begegnung

durch das tiefe Tal,
zum Einssein mit dem Auferstandenen
im Mahl.

Und auch am See
trifft Jesus Seine Brüder.
„Es ist der Herr!",
so heißt es immer wieder.
Am Ufer winkt Er
sie zu sich heran
und weist auf die Gestade,
die Er neu gewann.

O Mensch, hab´ Acht
und lenke deine Schritte,
denn plötzlich steht der Herr
in deiner Mitte.
Er lädt auch dich
zum ewigen Ostern ein.
Du musst nur wachsam
aufgeschlossen sein!

Emmaus

Herr, bleibe bei uns, es will Abend werden,
die Dunkelheit bedeckt schon bald das Land.
Nächtlicher Schleier legt sich auf die Erden,
was wird, ist uns noch gänzlich unbekannt.

Verlass uns nicht, denn trostvoll war Dein Wort.
Du wusstest uns die Schrift sehr gut zu deuten.
Das Herz ging auf, die Trauer, sie flog fort,
und neuer Lebensmut begann in uns zu läuten.

Kehr' mit uns ein und sei heut unser Gast,
gemeinsam wollen wir den Tag beenden.
Du halfst uns tragen unsre schwere Last,
Du wusstest, Schmerz und Trauer abzuwenden.

Der Herr erhörte gern ihr innig Flehen,
ganz nahe wollte Er den Jüngern sein.
Sie sollten Seine Führung jetzt verstehen,
und darum kehrte Er in Emmaus ein.

Beim Mahle nahm Er segnend Brot und Wein.
Er brach das Brot, lobpreisend Gottes Namen.
Kein anderer als Jesus konnt' Er sein,
und sie erkannten Ihn und sprachen: Amen!

Voll Freude eilten sie zur Stadt zurück,
die Botschaft wollten sie den Jüngern bringen.
Kein Schmerz verdunkelte mehr ihren Blick,
in ihren Herzen hob es an zu singen.

Der Herr, Er lebt, wir haben Ihn gesehen,
Er ging mit uns den Weg, Er gab uns Mut.

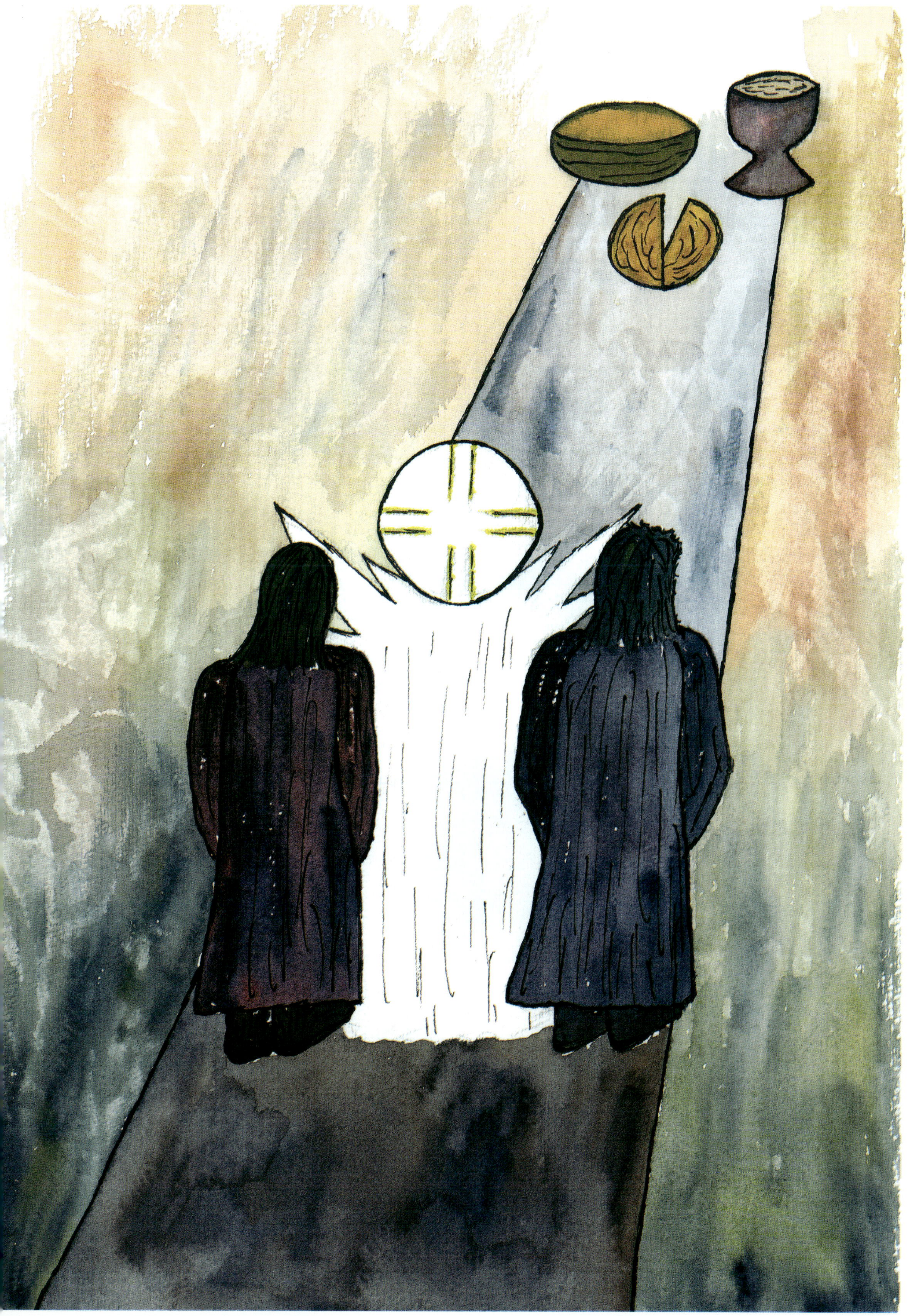

Änne Flosbach

Wir lernten nun das Wort der Schrift verstehen:
Durch Leid und Tod wird alles wieder gut.

Er hat den Tod, das Sterben überwunden,
verklärt verließ des Grabes Dunkel Er,
zum Vater hat den Weg Er neu gefunden.
Wir preisen Dich, Du Sieger, Du, der Herr!

Auch heute geh' mit uns den Weg des Lebens,
lass uns nicht ratlos im Gewirr der Zeit,
dass unser Suchen niemals sei vergebens,
dass nichts und niemand uns von Dir entzweit!

Bleibe bei uns, Herr, am Tag und in der Nacht,
lass Deine Nähe immer uns verspüren.
Halt über uns getreulich Deine Wacht,
wir lassen uns von Dir zum Vater führen.

(nach Lk 24,13-35)

Thomas

Leg deine Hand in meine Seitenwunde
und fühle, dass Ich wirklich vor dir steh!
Dies ist für dich die Offenbarungsstunde,
Ich zeig mich dir, Ich bin in deiner Näh'.

Dein Zweifeln findet heute nun ein Ende,
der Auferstandene reicht dir Seine Hand.
Jetzt wage die erforderliche Wende,
weil Ich den Tod besiegte, ew'ges Leben fand.

Schenk deinen Glauben Mir, er führt zum Leben,
Ich bin der Weg, der zu dem Ziel dich bringt.
Die Wahrheit wird dir Kraft und Freude geben,
damit dein Erdenleben ganz gelingt.

Und wenn sich neue Zweifel in dir regen,
wenn eignes Denken an den Abgrund führt,
Ich strecke meine Hand dir stets entgegen,
ergreife sie, Ich hab' dein Herz berührt.

Änne Flosbach

Weide Meine Schafe

Nicht dem Jünger, den Er liebte,
gab der Herr Sein weisend Wort,
sondern den, der Ihn betrübte,
schickt' als Hirten Er dann fort.

Dreimal fragt Er immer wieder:
„Petrus, liebst du Mich, den Herrn?"
Jener schlägt die Augen nieder,
der Verrat liegt noch nicht fern.

Stammelnd nur kann er bekennen:
„Herr, Du kennst mein armes Herz,
voll von Liebe soll es brennen,
Du weißt alles, siehst den Schmerz.

Weißt, wie tief ich es bereute,
was ich tat in jener Nacht,
als aus Angst vor fremden Leuten,
ich mich von Dir losgesagt.

Doch Dein Tod und bittres Sterben
kehrten mich dann gänzlich um.
Durch Dich konnt' ich Mut erwerben,
ich bekenn' Dich, bleib' nicht stumm.

Du hast mir die Schuld vergeben,
schenktest Dein Vertrauen mir,
gabst mir Kraft zu neuem Leben,
tapfer will ich folgen Dir."

„Petrus, weide meine Herde,
führ die Schafe groß und klein,

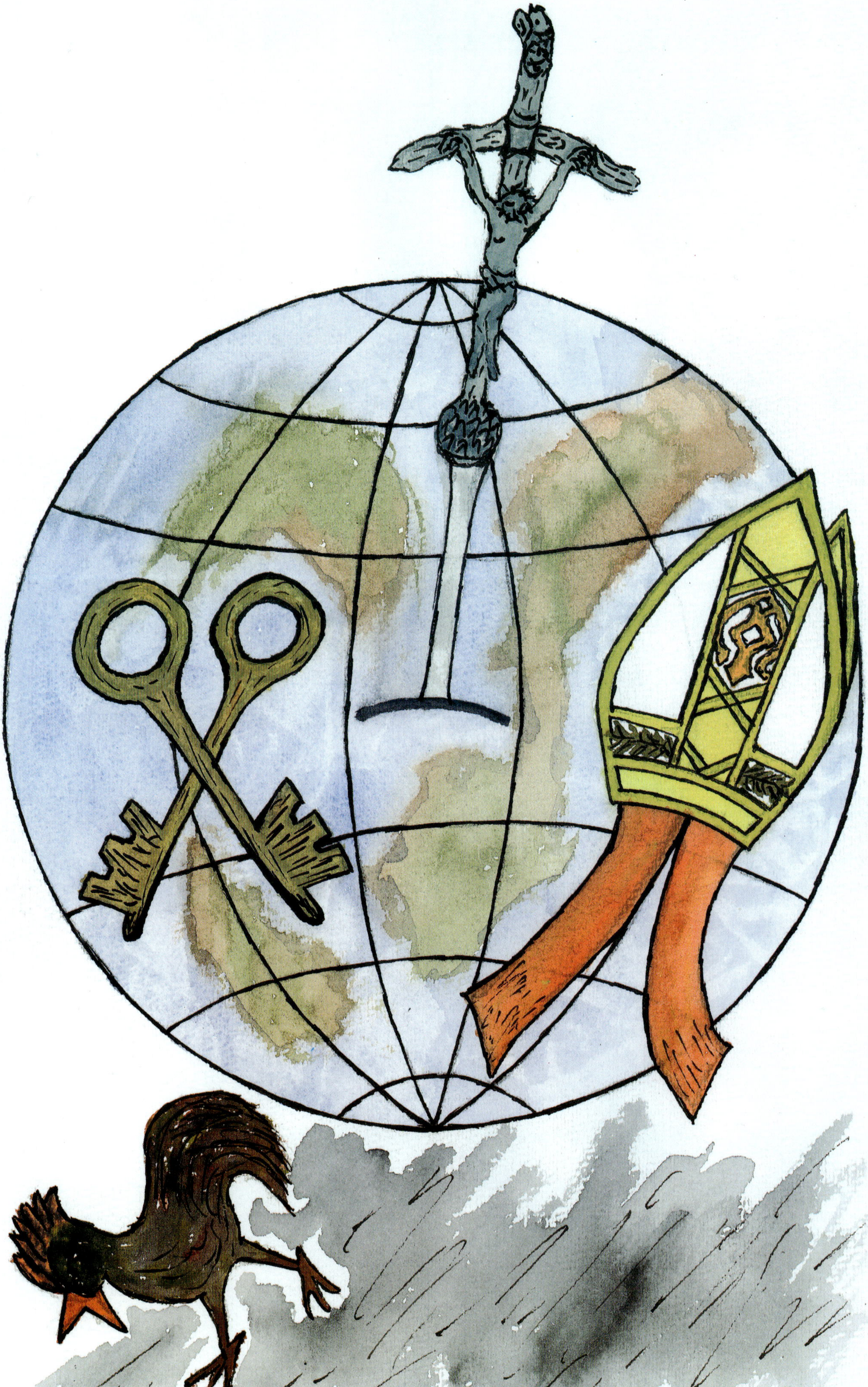

*dass auf der gesamten Erde
mög' ein Hirt, ein Glaube sein.*

*Stehe fest zu allen Zeiten,
künde treu Mein göttlich Wort,
lehr' die Menschen sich bereiten
für des Himmels sich'ren Port!*

*Auf die Liebe sollst du bauen,
Liebe wird dir Weisung sein,
lerne immer vorwärts schauen,
Ich bin dein, und du bist Mein."*

*Christi Wort gilt bis ans Ende,
ist zu jedem Papst gesagt,
bis Er reicht uns Seine Hände
und der ewige Morgen tagt.*

(nach Joh 21,15-17)

Himmelfahrt

„Ich bin bei euch alle Tage",
spricht der Herr Sein tröstend Wort.
„Helfe euch in jeder Plage
und geh niemals von euch fort.

Meinen Geist werd' Ich euch senden,
der die ganze Welt erfüllt,
Segen werde ich euch spenden,
euer Sehnen wird gestillt.

Zu dem Vater kehr Ich wieder,
von dem Ich gekommen bin.
Nehm' im Fleisch euch mit, ihr Brüder,
stell' euch vor den Höchsten hin.

Durch den Tod, das Auferstehen
wird auch euer Leib verklärt.
Gott den Vater dürft ihr sehen,
dem ihr durch Mich ganz gehört."

Eins im Vater durch den Sohne
und erfüllt vom Heil'gen Geist,
stehen wir vor Gottes Throne,
den das Heer der Heil'gen preist.

(nach Apg 1,8-9)

Änne Flosbach

Geist Gottes

Komm, o Geist, Du Geist der Stärke, kehre bei uns Menschen ein,
lass uns schaffen Deine Werke, hilf uns, Gottes Kinder sein.
Gib uns Kraft für unser Leben, das von tiefer Schuld umstrickt.
Lehre uns, das Beste geben, das Du selbst in uns bewirkt.
Zeige uns die rechten Pfade, die uns hin zum Ziele führ'n.
Mach uns stark durch Deine Gnade, lass uns Deinen Beistand spür'n.

Nimm von uns das bange Zagen, das uns manchmal überfällt.
Mit Dir können wir es wagen, Licht zu sein in dieser Welt.
Du willst es in uns entzünden, dass zur Flamme es gedeiht,
und durch uns willst Du verkünden, dass ein jeder Gott geweiht.
Feuer, Sturmwind sind die Zeichen, die Du für Dich auserseh'n.
Alles Morsche muss nun weichen, nur wer glaubt, der kann besteh'n.

Unsern Glauben willst Du stärken in der glaubenslosen Zeit,
lässt uns aufhorchen und merken, was von Ichsucht uns befreit.
Geist, vom Vater ausgesandt, Geist, vom Sohn zurückgegeben,
Gottes Geist wirst Du genannt, Geist, Du Urgrund, Du das Leben.
Dringe ein in unsere Welt, wandle um, was schadhaft ist,
richte auf hier Gottes Zelt, zeige, dass Du bei uns bist.

Gottes Geist, wer kann Dich loben, wer kann Deine Kraft versteh'n?
Mag der Böse noch so toben, er muss einmal untergeh'n.
Licht und Liebe, Freud' und Wonne werden durch Dich Sieger sein.
Du bist Leben, Du bist Sonne, Du erfreuest Groß und Klein.
Rüttelst jene Herzen auf, die für Deinen Anruf offen,
führst der Erde steten Lauf hin zum Danken, hin zum Hoffen.
Preis sei Dir durch alle Zeit, Preis soll Dir mein Mund hier singen,
bis in alle Ewigkeit soll Dein Lob niemals verklingen!

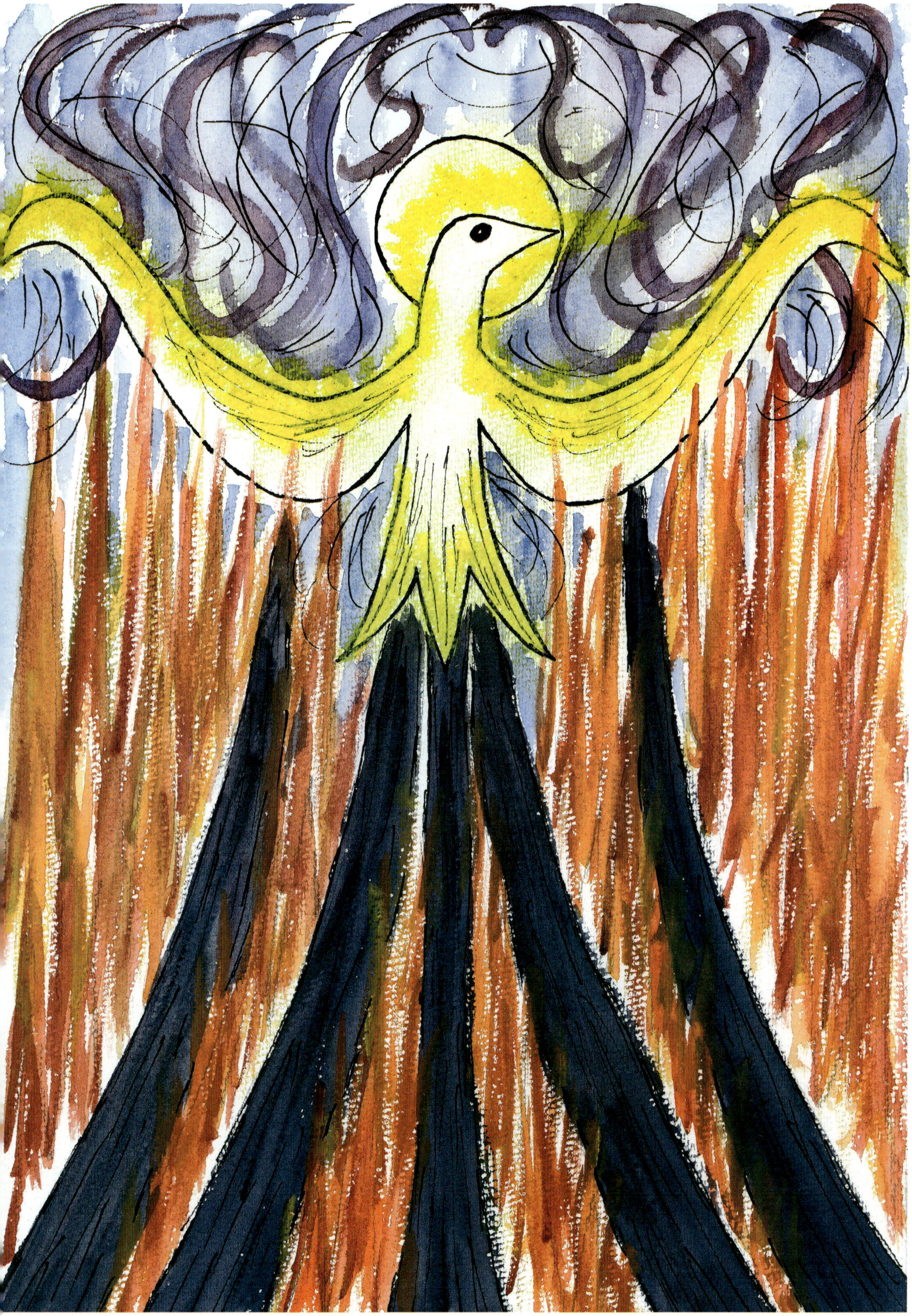

Änne Flosbach

Gebet zum Heiligen Geist

Gottes Geist, kehr bei uns ein,
sieh die Nöte unserer Welt!
Lass im Sturm uns nicht allein,
wenn uns Angst und Furcht befällt!

Klein ist Deiner Kinder Schar,
sehr zerstreut auf weiten Fluren,
eine sie um den Altar,
lehr' sie lesen Deine Spuren!

Denn wie damals so auch heute
wirkst Du in der Zeiten Lauf,
gibst uns nicht dem Tod zur Beute,
richtest Schwache wieder auf.

Komm, ach komm, Du Heiliger Geist!
Unsere Herzen stehn Dir offen;
denn nur Du bist's, der es weiß,
auf was wir im Tiefsten hoffen.

Gieß die Fülle Deiner Gnade
über alle Menschen aus!
Leite uns die rechten Pfade,
bis wir finden dann nach Haus! Amen

Geist vom Vater

*Geist vom Vater und vom Sohn ausgesandt zu uns hernieder,
kommst vom ewigen Himmelsthron zu uns Menschen immer wieder.*

*Feuergleich ist Deine Macht, allumfassend Deine Liebe,
tageshell wird unsre Nacht durch das Wirken Deiner Triebe.*

*In der Taufe wurden wir schon erfüllt durch deine Gnade,
durch die Firmung zeigst Du uns unsre eigenständ'gen Pfade.*

*Besiegelst uns mit Deinem Geist, gibst uns Kraft zum Weitergehen.
Voll Vertrauen Du uns heißt, Deine Botschaft zu verstehen.*

*Jeder ist von Dir erwählt, jeden kannst Du ganz gebrauchen,
Liebe, Güte, Frieden zählt, Tugend willst Du uns einhauchen.*

*Sende uns dann in die Welt, die vor Leid und Elend schreit,
sei in Not uns sichres Zelt, halte uns für Dich bereit!*

*Alle, die durch Dich gestärkt, soll'n lebend'ge Kirche sein,
sind von Ewigkeit vermerkt Dir zu dienen, Dir allein.*

*Gottes Geist, brich in uns ein, räume fort, was schuldhaft ist!
Lehr uns, Bruder, Schwester sein jedem, dem Du Vater bist!*

Änne Flosbach

Das Wirken des Geistes

Erde, du kannst es nie gänzlich erfassen,
dass Gottes Geist dich belebt und trägt.
Ohne Sein Wirken würd' alles erblassen,
kraftlos und kränklich, doch aufgebläht.

Gottes Geist lässt nur das Gute bestehen,
das, was dem Sturm widerstehen kann.
Er zeigt sich uns im behutsamen Wehen,
aber auch oft im gewalt'gen Orkan.

Woher Er kommt und wohin Er geht,
ist nicht den Menschen anheim gestellt.
Nichts jedoch ohne Ihn besteht,
Er ist die Seele, der Ursprung der Welt.

Feuer und Sturm sind Seine Zeichen,
Taube und Atem das liebliche Bild.
Vor Ihm muss alles Unechte weichen,
Sein Wirken ist mächtig, ergreifend und mild.

Nicht Ruhe und Schlaf will der Geist uns schenken,
Bewegung, Dynamik Er mit sich bringt.
Er ruft uns auf, unsere Schritte zu lenken
in eine Welt, die in Sünde versinkt.

Durch Dich, Heiliger Geist, dürfen wir hoffen,
dass eine neue Zeit anbricht.
Dir stehen alle Wege offen,
die uns hinführen zum wahren Licht.

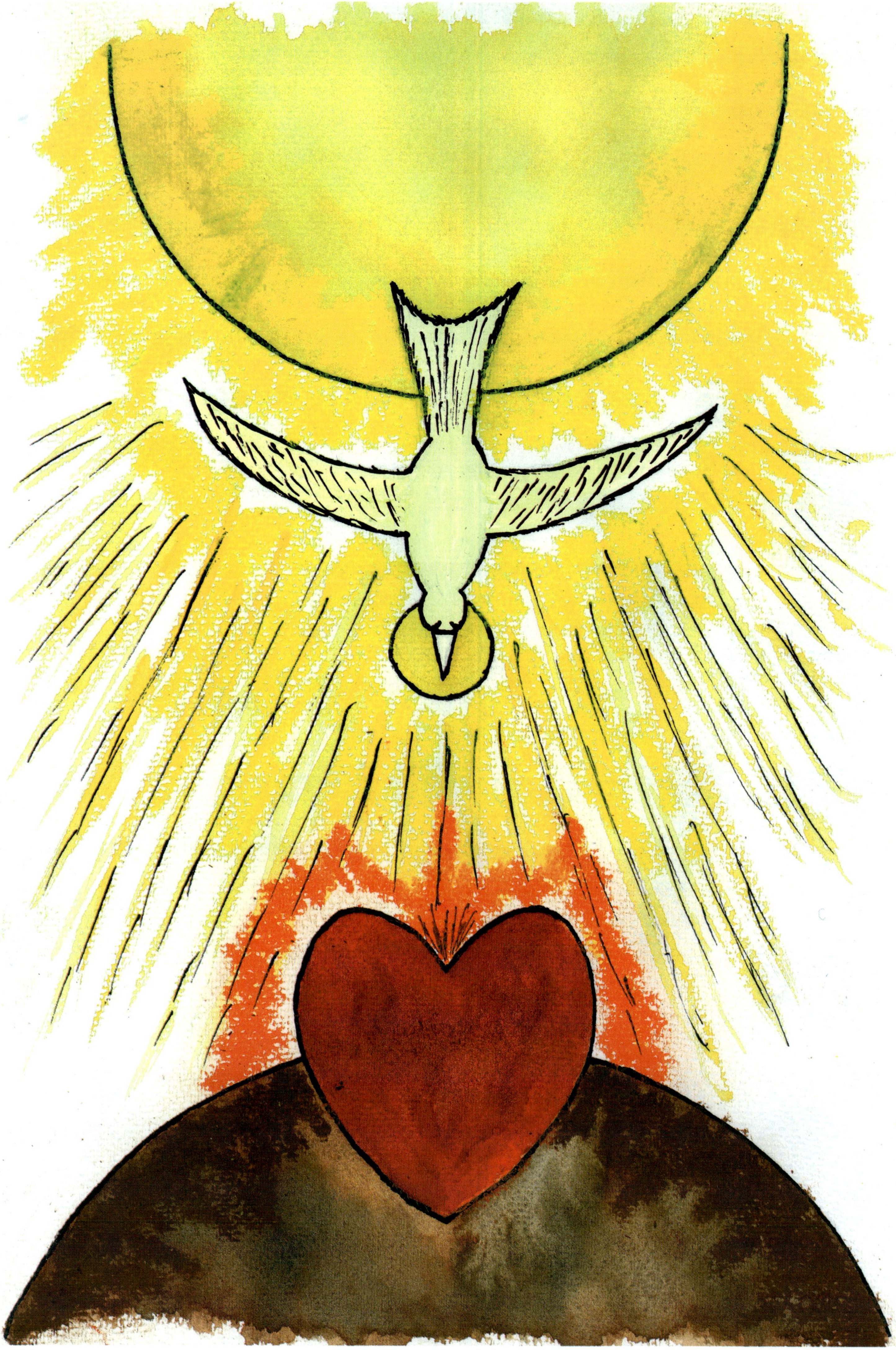

Änne Flosbach

Gottes Geist, Du Geist der Stärke

Gottes Geist, Du Geist der Stärke,
brich die harte Schale auf!
Lass uns wirken Gottes Werke
in dem dunklen Zeitenlauf!

Steh uns bei in diesen Tagen,
wo Verwirrung um sich greift.
Schenke Licht in ernsten Fragen,
dass das Wahre in uns reift.

Lass uns stetig vorwärts gehen,
ist der Weg auch steil und schwer.
Schließlich werden wir Dich sehen
in des Himmels lichtem Heer.

Christus, unser König

Christus, König, Herr der Welt,
lehr mich, Dich erkennen!
Den, der uns in Händen hält,
will ich Herrscher nennen.

Dir vertrau ich jeden Tag,
nimm mein Tun und Denken!
Ohne Dich ich nichts vermag,
Du nur musst mich lenken.

Zeige mir den Weg, das Ziel,
lass mich nicht verzagen!
Mit Dir sei mir nichts zuviel,
mit Dir kann ich's wagen.

Mit viel Liebe führst Du mich
selbst durch dunkle Stunden,
stehst zur Seite brüderlich,
willst, dass wir gesunden.

Weißt um alle Not und Pein,
um des Satans Wüten.
Lass mich niemals ganz allein,
Du nur kannst mich hüten!

Du bist König, Du der Herr,
strahlen wird Dein Handeln.
Loben soll Dich mehr und mehr
unser Tun und Wandeln.